An Deutschlands Jugend

von

Walther Rathenau

(1867-1922)

Berlin 1918

Hrsg./Bearb.: Maximilian Hörberg, München 2009

Um freundliche Unterstützung meiner Arbeiten wird gebeten:

Deutschland:	Österreich:	Schweiz:
Berliner Sparkasse	Erste Bank Wien	Migros Bank Zürich
BLZ 100 500 00	BLZ 20 111	Clearing-Nr. (BC): 8401
Konto-Nr. 610 129 65 88	Konto-Nr. 287 638 082/00	Konto-Nr. 16 189 460 504
IBAN: DE74 1005 0000	IBAN: AT46 2011 1287	IBAN: CH84 0840 1016
6101 296588	6380 8200	1894 60504
BIC: BELADEBE	BIC: GIBAATWW	BIC: MIGRCHZZ80A

Vielen Dank im Voraus!
Maximilian Hörberg

Impressum:

Drucker:	Lulu Enterprises Inc., 3101 Hillsborough St, Raleigh, NC 27607-5436, USA www.lulu.com
Verlag/Hrsg./Bearb.:	Maximilian Hörberg, Riedgaustr. 20, 81673 München, Deutschland www.maxhoerberg.de
Copyright:	Der Ursprungstext ist gemeinfrei. Er wurde überarbeitet.
ISBN:	978-3-00-023407-1

Inhalt

Zueignung und Aufruf	5
Zweifel	15
Glaube	32
Krieg	56
Charakter	73

* * *

Zueignung und Aufruf

In dieser feierlichen Zeit des Abschieds wende zu euch ich mich, Menschen der deutschen Jugend. Nie hat eine Menschheit so bewusst und verantwortungspflichtig an einer Scheide der Zeitalter gestanden. Die Stunde hält ihren Atem an, zu lang für das bangende Herz, zu kurz für das flatternde Gewissen, der Klöppel holt aus. Ist der Schlag verklungen, nach Menschenjahren, Sekunden des Äons, so stehen wir in fremder Welt und Zeit, beladen oder entsühnt, und blicken durch den Tränenschleier des Krieges nach dem entsinkenden Reiche der Gewesenheit.

Unbewusster, zweifelfreier waren die, die vor weniger als hundert Jahren durch den Nebel der Weltkriege das rosenfarbene Jahrhundert verschwimmen sahen. Die Revolution hatte ihnen eine brauntuchene bürgerliche Sicherheit gegeben, der Krieg hatte mehr geschlichtet als genommen, sie fühlten beschäftigt das Nahen von Wissenschaft, Technik und Kapital und konnten sich dem überlassen, was sie Restauration nannten, und was der hässlichste Nutzbau der übervölkerten, mechanisierungsdurstigen Welt war.

Der Bau wuchs; in den höchsten, luftigsten und frechsten Geschossen des Himmelskratzers sind wir geboren und haben wir gelebt; jetzt bricht er nieder, aus Mangel an Gerechtigkeit und organischer Kunst, die man verschmäht hatte, hineinzubauen. Er hatte kein Fundament, stand auf dem Schuttplatz der Französischen Revolution, die Raum geschaffen hatte, aber keinen Baugrund. Bis in seine höchsten Zinnen, die Nationalismus und Imperialismus hießen, trug er keine Idee in sich, nur ein empirisches Gleichgewicht der Kräfte; alles was Idee hieß, rankte sich äußerlich empor und zermürbte seine Wände.

Keine neue Revolution kann uns die Arbeit erleichtern, denn die Zerstörung ist da, wir brauchen sie nicht zu rufen. Was gefordert wird, ist Arbeit, langsamer, heiliger Neubau, Dombau. Aus tiefen, geheiligten Herzen und neuem Geist. Nicht aus der Frechheit, die sagt: Lasst mich nur, ich bin schlau und vernünftig, ich will einmal versuchen. Nicht aus satter Interessiertheit, die sagt: Wir werden alles reparieren. Nicht aus Stumpfheit und bürgerlicher Blöde, die sagt: Kommt Zeit, kommt Rat.

Die Schicksalsstunde webt nicht über Schlachten und Konferenzen, Brand und Löschung, sondern über der Bauhütte, über ihren Meistern und Gesellen, dem Geheimnis ihres Grund- und Aufrisses und dem Geist ihrer Gemeinschaft. Der entscheidet die Jahrhunderte, deshalb haben wir vom Geist zu reden.

Mit euch, Deutschlands Jugend, will ich reden. Den Genossen meines Alters habe ich nicht mehr viel zu sagen. Mein Herz habe ich vor ihnen ausgeschüttet, mein Glauben und Schauen, Vertrauen und Sorgen ihnen vor die Seele gehalten. Viele haben meine Schriften gelesen, die Gelehrten, um sie zu belächeln, die Praktiker, um sie zu verspotten, die Interessenten, um sich zu entrüsten und sich ihrer eigenen Güte und Tugend zu erfreuen. Wenn warme Stimmen zu mir drangen, so kamen sie von Einsamen, von Jungen, und von denen, die nicht altern und nicht sterben.

Von den Alten habe ich nichts gewollt als Mitdenken und Mitsorgen, Prüfung, Besinnung. Nichts anderes will ich von euch. Prüft meine Worte an euren Gedanken, in euren Herzen; seid auf eurer Hut, verwerft, was euch nicht innerlich ergreift, die verbohrte Meinung, den bestechenden Einfall. Nicht ein Führer unter euch vermesse ich mich zu sein, nicht ein Berater, ich will mit euch erörtern und erwägen. Auch huldige ich euch nicht; ihr seid ein neues Geschlecht, kein anderes Volk als eure Väter, ihr seid ihnen ähnlicher, als ihr meint. Ihr seid eine Hoffnung; auch wir sind eine Hoffnung gewesen und keine Erfüllung geworden, obgleich es manche unter uns gab, die den Weg sahen und wiesen. Ich huldige auch dafür euch nicht, dass ihr in den Krieg geboren und gewachsen seid. Den Krieg haben unsere Väter verschuldet, also haben wir ihn verschuldet; den Krieg haben wir verschuldet, also habt ihr ihn verschuldet. Derer, die getötet worden sind und getötet werden sollen, gedenkt mein Herz in jeder seiner Nächte, und am heißesten umfasst es die, denen es schwer wird, und die sich fürchten. Jeder, der mit seiner Seele in den Krieg verstrickt ist, alt oder jung, fürchtet sich und zittert, und weint Tränen, die nach innen fließen und das Herz verbrennen. Auch dafür nicht, dass ihr ungebrochen und stark, voll Anspruch und ohne Zweifel seid, huldige ich euch. In zwanzig Jahren sind eure Verwegensten alt, enttäuscht und philisterhaft, nicht um des Großen, sondern um des Kleinen willen, und es wird viel sein, wenn abermals dereinst einige aufstehen, weil sie ihr Herz warm erhalten haben, um zaghaft und überwältigt zu euren Kindern zu reden. Um des Glaubens willen an unsere deutsche Erde rede ich zu euch, um der Liebe willen zu euren Vätern, euren Kindern und am meisten zu euch, um der Hoffnung willen, die ihr seid und alle, die nach euch kommen. Denn ihr werdet das Reich betreten, das uns verwehrt ist, auf euch liegt die Verantwortung und die erste Entscheidung.

Werdet ihr mich hören? Manche von euch, die ursprünglichsten, sind sorglos, dem Denken abgewendet, mit Billigem zufrieden und eng autoritär; manche, die Klügsten, sitzen in ihren Schreibstuben und Pressezentralen, pochen auf ihre Vernunft und Abstraktion und warten, dass ihrer geschulten Dialektik zuliebe die Welt sich wie Sankt Hieronymus' Löwentier aufblickend zu ihren Füßen schmiege.

Verschließt ihr euch aber vor mir, so rede ich zu mir selbst und meinem Schöpfer, denn reden muss ich und darf nichts verschweigen, obwohl ich weiß, dass jedes Wort mir neuen Unfrieden schafft bei denen, die mich hassen und verfolgen. Dann werden andere kommen, helleren Geistes, reineren Herzens, edlerer Art, die Glauben erzwingen für das, was sie verkünden und was ich nur stammle. Denn das ist freilich wahr: Nichts ist in mir, das den Willen rechtfertigt, gehört zu werden, außer dem Glauben an die Seele und ihre Verwirklichung.

In mir aber ist nichts verwirklicht, und will ich zu euch reden von unseren gemeinsamen Schwächen, Trübheiten und Klärungen, so muss ich frei vor euch mich zu der Problematik bekennen, die man mir vorwirft, damit ihr ungetäuscht so hart und milde wie ihr wollt urteilt, und muss euch sagen, wer ich bin.

Ich bin ein Deutscher jüdischen Stammes. Mein Volk ist das deutsche Volk, meine Heimat ist das deutsche Land, mein Glaube der deutsche Glaube, der über den Bekenntnissen steht.

Doch hat die Natur, in lächelndem Eigensinn und herrischer Güte die beiden Quellen meines alten Blutes zu schäumendem Widerstreit gemischt: den Drang zum Wirklichen, den Hang zum Geistigen. Die Jugend verging in Zweifel und Kampf, denn ich war mir des Widersinns der Gaben bewusst. Das Handeln war fruchtlos und das Denken irrig, und oftmals wünschte ich, der Wagen möchte zerschellen, wenn die feindlichen Gäule auseinanderstürmend sich ins Gebiss legten und die Arme erlahmten. Das Alter sänftigt. Noch immer ist der überschüssige Wille nicht ganz gebrochen, noch immer stehe ich im praktischen Handeln, doch nicht um eigener Ziele willen. Und manchmal scheint es mir, als sei aus diesem Handeln auch etwas in meinem Denken befruchtet worden, als habe die Natur mit mir den Versuch vorgehabt, wieweit betrachtendes und wollendes Leben sich durchdringen können. Ein Zeichen des Friedens wurde mir gegeben. Als ich zum ersten und zum letzten Mal, nicht freiwillig, sondern von Not gezwungen, mich den Getrieben des Staates näherte, da wurde durch das geringe Werkzeug meines Kopfes und meiner Hände vom deutschen Willen aus einem Gusse eines vollbracht, das sonst nicht im Schaffen eines Einzelnen beschlossen ist: die bewusste Schöpfung einer neuen Wirtschaftsordnung, die nicht vergehen kann und alle künftigen Wirtschaftsformen in ihrem Schoße trägt. Das war wohl die sichtbare Frucht, die der alternde Stamm nach auferlegtem Willen tragen durfte; nun schüttet er die verspäteten Knospen und Blätter in euren Schoß.

Grund meines Redens ist nicht der Krieg, sondern der geistige Niederbruch, den er offenbart, nicht die Furchtbarkeit dessen, was ist, sondern dessen, was war und was bevorsteht. Die Stumpfesten glauben ein Gewitter zu sehen, kurz und heftig meinten sie zuerst, heftig und absehbar meinen sie jetzt, und denken bald wieder da anzufangen, wo sie aufgehört haben, am liebsten möchten sie ihn als Mittel betrachten, um einige ihrer alten Zwecke zu erreichen.

Andere trösten sich mit einer Theorie wirtschaftlicher Evolutionen: Immer haben Kriege die Übergänge der Wirtschaftsformen begleitet, dieser ist größer, doch nichts anderes; wir werden den Endzustand erwarten und versuchen, ihn nach unserem Willen zu lenken. Sie haben nur zur Hälfte Unrecht, denn dieser ist wahrhaft der Weltbrand des europäischen Sozialgebäudes, das nie wieder erstehen wird. Doch ist nicht jede Brandstätte ein Baugrund, manche ist wüst geblieben und manche zur Spukstätte für Gespenster und Gesindel geworden.

Die Wenigen, die das Ereignis kommen sahen, so wie es ist, nicht als mannhaften Zweikampf, nicht als frisch-fröhlichen Reiterkrieg, sondern als Weltgericht: diese wenigen haben es verkündet, nicht als politisch-wirtschaftliche, sondern als sittliche Notwendigkeit, als Blutgericht, um zum letzten Mal die Seele und das Gewissen, die Würde und Gerechtigkeit der westlichen Welt zu wecken und zu retten.

Wir gingen zugrunde mit aller Üppigkeit der Technik und mit dem verruchten Stolze unseres banalen Wissens; und wir gehen weiter und unaufhaltsam zugrunde, mit und trotz und wegen aller Opfer, so wir nicht begreifen und uns ermannen.

Noch jetzt, im fünften Jahr, sind die Nationen nicht fertig, ihre Kriegsgründe, Kriegsursachen und Kriegsziele zu erklügeln - freilich, sie wissen sie nicht und werden sie nicht wissen! - Weltanschauungen zu erdichten und zu ertüfteln, die sie nicht haben, Charaktere einander vorzuwerfen, die sie aus Zeitungen oder von missvergnügten Reisenden erlernt haben. Noch heute beschimpfen sich Staatsleute und strafen sich Lügen, und deuteln an ihren Forderungen. Nüchterne Polizeiideale werden angepriesen, kapitaldurstige Kreuzzüge werden gepredigt, unüberzeugte Gerechtigkeiten werden gefordert. Und im Innern der Völker blüht Kriegswucher, Geschwätz und Rohheit, während treuherzige Jugend an den Fronten verblutet.

Was sind alle Zerstörungen und leiblichen Opfer verglichen mit den Zuckungen und Verzerrungen des europäischen Geistes? Dies Leiden ist nicht dem Kriege entsprungen, es lag in uns, und was wir schaudernd sehen und fühlen, ist nur der Paroxysmus[1] des Ausbruchs. Und diese Krankheit geht nicht mit dem Kriege, nicht durch den Krieg zu Ende; in erneuten Schreckensformen, mit inneren Giften und Zersetzungen zehrt sie weiter bis zur

---

[1] aufs Höchste gesteigerte Tätigkeit

tödlichen Erschöpfung. Die Geisteskrankheit, der sittliche Wahnsinn Europas ist heilbar nur durch die Macht des Gewissens, die Gewalt der Umkehr und Einkehr. Die nüchterne Wirtschaftsrechnung verschlägt nichts, sie mag den Apotheker bezahlen.

Ist uns Rettung bestimmt, so dringt sie aus unseren Tiefen. Kein Staatsmann kann helfen, kein Staatsakt, keine Änderung der Einrichtungen. Denn wäre selbst alles aufs beste geschaffen und bestimmt, es zerschellte und zersplitterte am Wust der Interessen, an der Überzeugungslosigkeit, an der Indolenz, an der geistreichen Tüftelei, am falschen, eitlen Individualismus, und sänke zurück ins Chaos. Wurstelei und Gewaltherrschaft sind die einzigen Formen, die den anarchischen Körper im Scheindasein erhalten können, und beide ertöten vollends den Geist.

Dies ist die Frage, die dir, deutsche Jugend, gestellt ist: Kannst du noch einmal den deutschen Geist zur Einheit der Überzeugung, zur Treue der Weltanschauung aufrufen? Es sei nicht die heilige Einheit des Mittelalters, die bleibt uns verloren; es sei eine vielfältige Kraft, doch darin einig, dass sie das Geistige über das Irdische stellt. Dann mag sie vielspältig, mag sie vom Glauben aller Welt verschieden sein, denn zwischen echten Anschauungen gibt es zwar keinen Frieden, doch keinen tötenden Hass und jederzeit die wölbende Synthese.

Kannst du Menschen finden und sammeln? Nicht Heilige, nicht Genien, doch Geistige, Aufrechte, frei und weit Blickende, Würdevolle, Spendende, Innerliche, Wirkende; nicht Umhüllte von Interessen, Standesverblendung, Seichtheit, Streberei, Phrase, Liebedienerei, eitler Geschäftigkeit? Denn vergiss nicht: Wäre ein deutsches Paradies auf Erden verwirklicht, wir hätten heute die Menschen nicht, es zu verwalten. Blicke um dich, auf diese Parlamente, diese Ämter, diese Akademien - überall der gleiche Ton, die gleiche Redensart, die gleiche mechanisierte Sicherheit, bestenfalls hier und da ein wenig weltfremde, spintisierende Grübelei, und nirgends ein Mensch, der auch nur von ferne den alten mannhaft Großen gleicht in allen diesen redenden und schaustellenden Berufen. Die Besten des Landes sind einsam an ihren stillen Werken, einseitig, aufgezehrt, gealtert, dem Treiben abhold. Wir alle müssen abtreten, zurück in Finsternis und Vergessenheit; wir haben das Unsere nicht getan, wir sind nicht die Rechten.

Unter denen, die weitab, hilflos, ihrer Unzulänglichkeit bewusst, der Wende unwürdig das Geschick sich erfüllen sahen, habe auch ich meine Stimme erhoben, das Drohende ausgesprochen, das Geschehene gedeutet und das Kommende dargestellt. Was die Zukunft fordert und dereinst erzwingen wird, die Änderung von Einrichtungen und Gesinnung, den wirtschaftlichen und sozialen Ausgleich, die Durchgeistigung und Versittlichung der Wirtschaft, habe ich geschildert und die Vollendung irdischer Ordnung im Reich der Seele. Unverbrüchlich glaube ich an diese Dinge, denn sie sind im Anzuge, ja sie sind unsichtbares Schicksal geworden, denn sie sind erschaut, ausgesprochen, erhört und somit im Geiste verwirklicht.

Doch die Liebe zur Heimat überwiegt alles und verlangt, die kommende Gerechtigkeit und Adelung möchte als ein Werk deutschen Geistes, als ein Geschenk deutschen Herzens an die Völker in die Welt treten, Deutschland möchte nicht zag, spät und verdrossen dem Weltlauf folgen, Deutschland möchte den Anspruch auf Führung und Verantwortung, also den Anspruch auf eigenes Leben nicht mürrisch und verbittert jüngeren Völkern preisgeben, um sich, so lange es geht, feindselig alternd hinter trockenen Rechten und böser Gewalt zu verschanzen.

Und abermals werde ich mutlos und frage: Wo sind die Menschen? Wo sind in dieser Zerfahrenheit der Interessen, der Stumpfheit, der selbstverliebten Geschwätzigkeit, in dieser Unklarheit der Wertungen, in der prüfungslosen Verbohrtheit der Standesmeinungen, in der Verfilzung der Staatseinrichtungen - wo sind noch Ansätze möglich für die Keimkräfte des neuen, reinen, freien Lebens? Kann es außerhalb einer politisch beeinflussten Tagesmeinung überhaupt noch eine geistige deutsche Überzeugung geben? Wenn deutsche Gedanken entständen, wirkliche Gedanken des Geistes und Herzens, Ideen, nicht Forderungen alltäglicher Nützlichkeit noch gehässiger Zeitungs- und Versammlungsdunst - können solche Gedanken in Deutschland noch Träger und Verwirklicher finden? Ist unser Volk einer nicht bloß herkömmlichen, nicht bloß interessierten, nicht bloß agitatorischen Anschauung noch fähig? Was sind überhaupt die Voraussetzungen für die Möglichkeit einer deutschen Anschauung? Und sind sie verwirklichbar?

Die erste Prüfung endet freilich schlimm. In keinem Lande der Erde wird so viel wie bei uns von Anschauung, Weltanschauung, Kultur und Ideal geredet. Das kommt daher, dass wir in der vormechanistischen Epoche eine wundervolle Blüte des Geistes erlebt haben. Das war in einem kleinen, in den Tiefen kaum emanzipierten Volke mit einer Schicht von knapp fünftausend Gebildeten, einem Volk also, das eigentlich nur aus sichtbarem Geist bestand, oder in dem nur der eng verschwisterte, uninteressierte Geist das Wort hatte. In den letzten drei Menschenaltern war die Zahl und Kraft der idealistischen Geister so gering, dass es zweifelhaft erscheint, ob unsere wissenschaftliche, technische und organisatorische Zivilisation noch den Namen einer Kultur verdient.

Als wir in den Krieg zogen, fragten uns die Neutralen nach der Weltanschauung und den Idealen, für die wir kämpften. Wir erklärten ihnen, unsere Feinde seien Händler, wir aber verträten eine heldenhafte Weltanschauung, wobei denn freilich der ganze bei uns herrschende Kapitalismus abgeschaltet werden musste, der technisch-organisatorische Teil der Kriegführung im Dunkel blieb, und die Gegenfrage abgelehnt wurde, wieweit wir Kellner, Barbiere und Handlungsreisende, die in unserem Namen die Welt versorgten, in das Heldenideal einzubeziehen wünschten.

Dann haben uns Gelehrte ein Ideal der deutschen Freiheit beschieden, das weniger eine Freiheit als eine sympathische Unfreiheit war, das auffällig mit den herrschenden Zuständen übereinstimmte und im Kern auf einen Lobpreis der Professorenlaufbahn hinauslief.

Auch das altliberale Bürgerideal hat man uns anzupreisen versucht, mit schüchterner Loslösung von seinem englisch-französischen Ursprung, das gern auf demokratische Ausgelassenheit verzichtet, sofern es einem jeden freisteht, ungestört und unbekümmert vom Nächsten und vom Staat, seinem förderlichen Beruf nachzugehen.

Die sogenannten Machtideale bedürfen keiner Erwähnung. Sie passen auf jeden, der die Mittel zu haben glaubt oder sucht, um sich auf Kosten anderer Vorteile zu schaffen.

Nun ist es von Weltanschauungen stiller geworden, und wir beschäftigen uns wieder vorwiegend mit Interessen und Tagesfragen. Wo sind die deutschen Ideale, wo sind ihre Träger?

Wir haben sieben Millionen Arbeiter, die zum großen Teil von Schulagitatoren geführt werden. Wir haben acht Millionen unselbständige in der Landwirtschaft Beschäftigte, die sich nicht organisieren dürfen und nicht Träger eigener Gedanken sind. Wir haben zwei bürokratisch geordnete Kirchen, die dem Austretenden mit Minderung bürgerlicher Rechte drohen dürfen. Wir haben die Stände der Interessierten, die mit der Dialektisierung ihrer Gewerbe befasst sind. Wir haben eine Beamtenkaste aufgrund eines Gesinnungsnachweises. Wir haben einen selbständigen Mittelstand, der nach den Gründen seines Niederganges sucht. Wir haben ein Großbürgertum, das nach Beziehungen und Beförderungen lechzt. Wir haben einen staatsbeamteten Gelehrtenstand, der zur Verteidigung alles Bestehenden erzogen ist. Wir haben Interessenvertreter und Ortsgrößen, die im politischen Leben stehen und ihre Wünsche und Kritiken mit denen ihrer Auftraggeber in Übereinstimmung zu bringen suchen.

Und dennoch! Solange noch Selbstbewusstsein und Willenskraft in uns ist, lieber in tätigem Glauben und edlem Irrtum vergehen als in kranker Resignation und galliger Verneinung leben. Abermals rufe ich zu dir, deutsche Jugend! Noch haben dich die Kleinheiten des Lebens nicht zermürbt, die wütenden Interessen und giftigen Händel dich nicht verfeindet, ein großes Schicksal hat dich verschmolzen und geläutert, hilf die Quellen des schmachtenden Landes erschließen.

Lasst uns diesen einen Gang gemeinsam gehen. Lasst uns durch die Öde des Zweifels schreiten, lasst uns an das Tor des Glaubens pochen, lasst uns das Schicksal unserer Prüfung befragen und unserer eigenen Seele tief ins Antlitz blicken, und glaubt mir, wir kehren nicht entmutigt heim. Müssten wir auch ein schweres Teil der Völkerschuld auf uns selbst nehmen, müssten wir tiefe Sühne und Einkehr von uns selbst verlangen: Lasst uns hart sein aus Liebe und arg aus Treue. Lassen wir anderen das Behagen der Beschönigung und des Selbstlobes, das seit vier Jahren zur schamlosen Pest der Völker geworden ist, und suchen wir den Weg zur alten Wahrhaftigkeit und Furchtlosigkeit, die unser vornehmstes Erbteil war.

Mag unser Gang beklemmend sein, mag er uns zeigen, wie fern wir dem Lande unserer Verheißung sind, genug, wenn wir heimkehren mit der Botschaft, dass unser Schicksal bei uns selbst steht, dass wir inne geworden sind dessen, was uns von neuer Geistigkeit, von innerer Wiedergeburt und Weltverantwortung trennt.

Was trennt, kann sinken. Den Kampf, den wir kämpfen, und den härteren, den wir kämpfen werden, beendet nur ein Sieg: der Sieg der Einkehr. Und die Nation wird ihn erstreiten, die ihrer eigenen Seele entgegentritt und sie zum Phönixopfer weiht.

* * *

Zweifel

Wir Älteren hatten keinen Grund, die Epoche unserer Jugendjahre zu preisen. Politisch herrschte der Kampf gegen den Sozialismus in der Form einer liberal aufgeklärten Reaktion, geistig die sogenannte exakte Wissenschaft, wirtschaftlich der beginnende Hochkapitalismus, gesellschaftlich die bürgerliche Streberei. Das Reich und die Großmacht war begründet, einen Schritt darüber hinaus gab es nicht; das Bestehende hatte Recht, wer Einwände erhob, bekam es mit Bismarck zu tun oder mit dem Satz von der Erhaltung der Kraft, oder mit den *"besseren"* Ständen. Alle Gebiete des Lebens überschattete die Autorität des unbestrittenen sichtbaren Erfolges, sogar die Kunst fand es selbstverständlich, Urteil und Rat vom bereicherten und kaufenden Bürger und der gebildeten Hausfrau zu empfangen. Die Jugend, soweit sie nicht als verderbt galt, fügte sich den genehmigten Idealen, ja überbot sie; der oberste der genehmigten Begriffe war die Karriere. Der wachsende Staat verlangte Beamte, das heißt Juristen, die Laufbahn verlangte gesellschaftliche Garantien, das heißt studentische und offiziermäßige Korporation. Die Vorbilder wirtschaftlichen Aufstiegs waren noch vereinzelt und nicht so machtgesteigert, um zu verlocken, der Wissenschaftsbetrieb hatte eine gesonderte Aufstiegsordnung, in der ein umfangreiches Assistentenwesen und Einheirat eine gewisse Rolle spielten.

Jugendlicher Drang, von freier Tat ferngehalten, halb freiwillig, halb unbewusst in das ungeistige, unfromme, phantasielose Joch der Autorität und Streberei gezwängt, schuf ein Zerrbild, so unerfreulich wie kaum eines seit der Zeit des landsknechtlichen Hosenteufels, des altmodischen Bramarbas[2] und des bezopften Renommisten: den Patentscheißer. Aufgeschwemmte Burschen, schnöde und zynisch im Auftreten, mit geklebtem Scheitel, gestriemten Gesichtern, Reiterstegen an den gestrafften Beinkleidern, schnarrender Stimme, die den Kommandoton des Offiziers nachahmte. Den Hochschulbetrieb verachteten sie, die kümmerliche Prüfungsreife erlangten sie durch sogenannte

---

[2] Aufschneider

Pressen, ein feindseliges und herausforderndes Wesen trugen sie zur Schau, außer wenn es sich um Konnexionen handelte, ihre Zeit verbrachten sie mit Pauken, Saufen und Erzählen von Schweinereien. Solche Gestalten wurden geduldet, ja anerkannt; sie waren bestimmt, zu denen zu gehören, die das Volk regieren, richten, lehren, heilen und erbauen. Gewiss, es gab auch zahlreiche andere Vertreter der akademischen Jugend, vor allem die, deren Mittel zur Erreichung dieser Stufe nicht langten; doch meine Befürchtung, dass die Generation der achtziger Jahre uns den Ausfall einer geistigen Ernte im öffentlichen Leben kosten würde, hat sich erfüllt.

In den Formen des ländlichen und kleinbürgerlichen Lebens haben wir uns stets bescheiden, sicher und würdig bewegt. Für gesteigerte bürgerliche Lebensform ist ein gültiges neuzeitliches Vorbild in Deutschland nicht geschaffen worden. Der kleinere Adel blieb gutsherrlich, patriarchalisch, stadtfeindlich, der größere international und abgesondert. Der Soldatenstand ließ nach außen nur einen kühlen Schliff erkennen, der zu brutal übertreibender Nachahmung verführte, das Beamtentum, wirtschaftlich gedrückt und stolz verzichtend, machte in seinen Formen die Abwehr fühlbar, die ein Leben in unterordnenden und spaltenden hierarchischen Gepflogenheiten bedingt. Patriziat und alter Reichtum, in Deutschland selten und versprengt, fand in sich kein Gleichgewicht und drängte zum Adel und Hof.

So fand sich bei uns niemals ein anerkanntes Vorbild der Lebensform, des Benehmens und der Gesellschaft; unzusammenhängende Konventionen wurden unverstanden gelehrt und als Unterscheidungszeichen gewertet, zur Schaffung eines geschlossenen äußeren Erscheinungsbildes reichten sie nicht aus. Der erzieherische Nachteil dieses scheinbar äußerlichen Mangels für jedes heranwachsende Geschlecht wird unterschätzt. Er lässt den jungen Menschen die Würde und Sicherheit einer anerkannten Schulung entbehren, verführt zu einem billigen Individualismus, der nur Formlosigkeit ist, erschwert die Schätzung und Gemeinschaft einer körperlichen Kalokagathie[3], bewirkt Rückschläge in eine pomadisierte Pöbelhaftigkeit und ermöglicht die

---

[3] Vollkommenheit

Entstehung von wechselnden Zerrbildern, die nirgends in der Welt geduldet werden würden, und von denen das der achtziger Jahre ein teuer bezahltes Beispiel bildet.

Diese Sorge ist vorüber, denn kommende Zeiten werden die Spaltung der Kasten nicht kennen, der aristokratischen, militärischen und bürokratischen Vorbilder nicht bedürfen, sondern ihre Wertungen aus menschlichen und volkstümlichen Vorstellungen schöpfen. Für uns bestand sie, euch blieb sie erspart.

Denn ihr hattet das Glück, im Widerspruch zu erwachen. Eure Kindheit hat der beginnende Wohlstand des Landes gepflegt, ein erwachendes Schrifttum, eine nicht volkstümliche Kunst hat euch ein Widerspiel zur Gegenwart und Wirklichkeit geschaffen, euer Bewusstsein erweckt und durch Kontrast befruchtet. Die schmerzhafte Lösung von der Autorität, die einigen von uns glückte, andere brach, war für euch kein Problem, denn ihr seid frei geboren. Eure Väter konnten euch nicht die Unwiderleglichkeit großer Schöpfung entgegenhalten, sie hatten nur die Mechanisierung emporgehoben, der sie fruchtlos dienten, den Staat und ihr eigenes Machterbe verwahrlost, und euch mit einer gewalttätigen, rauschenden und schimmernden Zivilisation umgeben, die sich anpreisen aber nicht verteidigen konnte. Freilich waren auch unter ihnen große Männer, deren Arbeit Gutes schuf und ohne ihr Wissen Künftiges bereitete, doch die Welt war entseelt, der Glauben erstorben bis auf seine Wurzeln des schöpferischen Zweifels, und die äußerlich glänzendste Epoche, die je der Erde beschieden war, die dicht an das künstliche Paradies der Schmerz- und Sorglosigkeit, der technischen Schrankenlosigkeit und des ewigen Wohlstandes rührte, erstarb im Geiste.

Ihr durftet zum Bewusstsein erwachen, und wenn uns Älteren ein Anteil an der Freude dieses Erwachens zufiel, so war es der, dass einige von uns versucht hatten, der prachtvoll untergehenden Zeit ins Auge zu blicken, ihr das Gesetz ihrer Sterblichkeit zu entreißen und mit der Gewissheit der aufsteigenden Seele heimzukehren. Selbst eure Väter hatten euch vorgearbeitet; sie waren der alten Strenge und Herrschgewalt nicht fähig, denn die fordert zweifelfreie Überzeugung und Überlieferung, sie aber hatten nichts zu bieten als schwankende Relativität, die verstehen wollte, aber nicht werten. Unschlüssig lockerten sie das Band der Schule; da floss viel Bildung ab; edle Substanz, die euch fehlen wird, und schwer entbehrlich dem Deutschen, der ein Ordner, Verwalter und Richter des geistigen Erdengutes sein soll. Dafür wurdet ihr freier, und lerntet fühlen, dass Jugend, bloße Jugend, ohne Beziehung auf Dinge des Wollens und Handelns ein erfüllendes Glück ist. Ihr wandtet euch ab von gepriesenen Werken und Kämpfen, dahin, wo alle Unbestechlichkeiten vor euch den Trunk ihres Durstes gesucht hatten, zur Natur, und dahin - dies ist euer schönster Gewinn - wohin nicht viele Geschlechter gedrungen sind, zur Menschenliebe, Gemeinsamkeit und Freundschaft. Viel fehlte nicht, so hättet ihr euch von jedem lastenden Erbteil der Vergangenheit losgesagt und den Weg zur alten Menschenfreiheit gefunden.

Ihr schweiftet durchs Land und lerntet die Freundschaft zu Bäumen, Tieren und Menschen. Manches Lied und mancher Vogelruf wurde euch vernehmlich, und ihr achtetet auf Gestirne, Wind und Wolken und lerntet die Namen der Kräuter und die Spuren der Tiere auf morgendlichen Wegen. In Nächten saßet ihr beisammen und sprachet von freier, verantwortlicher Bestimmung des Lebens, von einem Dasein ohne Hass und Gier und vom Erwachen des Geistes.

Den Dämonen konnte dies Dasein ein träumerisches Spiel scheinen, zu leicht und glücklich selbst für die Jugend Erdgebundener. Da geschah die Berufung, die euch vor anderen Geschlechtern traf und zur Mannheit schlug und eure Stirn mit dem Lose der Verantwortung für künftige Wende zeichnete: Der Sturm des Krieges ergriff euch und viele durften siegend sterben. Der Zeiger der Geschichte steht still, solange die Urkräfte und Titanen ringen; die letzte Antwort, die ihr schuldet, ist nicht Aufbruch und Kampf, sondern Heimkehr und Einkehr.

Unsere Herzen sind zumeist bei denen von Euch, die ihre Unschuld und ihr reines Glück, furchtlos, das Seiende segnend, ohne Zweifel und ohne Frage ins Feld getragen haben. Sie sind der blühende Leib und die lebendige Kraft des neuen Volkes. Heute noch sind sie mit der Meinung und Wertung des Tages zufrieden, mit leichten Erklärungen einverstanden, leiblich und geistig im Dienst, der Gegenwart zugekehrt. So aber werden sie sich auch der neuen Gegenwart zukehren, und wenn sie reinen Herzens bleiben tun, so Gott will, was Not ist.

Jene anderen aber, denen im Herzen der Krampf und das Weh der Erde zum zweiten Male sich abspielt, die in der Angst der Schuld und in der Qual des schöpferischen Zweifels vergehen, ihnen ist das harte Los bestimmt, sich loszuringen, in die Tiefe zu fahren und neue Gestaltung emporzutragen. Ihre Verantwortung ist es, wenn die Dinge des Landes und des Erdteils so bleiben, wie sie sind, wenn Neid und Habsucht die treibenden Kräfte von Volk zu Volk bleiben, wenn die Völker als Fremdlinge, als Objekte in den Häusern ihrer Staaten sitzen, wenn Ungerechtigkeit, Hass, Gier und Entseelung den entfleischten Erdteil von Kampf zu Kampf in Brudermord und Vernichtung treiben. Ihre Gefahr ist Zermürbung der großen Aufgabe und ihrer selbst durch ungegriffene Klügelei, durch selbstverliebte Theoretik, durch flache Originalität. Erschreckt nicht vor dem einfachen Gedanken! Selten liegt die Wahrheit in der verschmitzten neuen Formel, meist liegt sie offen zutage, vor aller Augen, nur durch ihre Offenkundigkeit verborgen; das reine Herz muss sie finden.

Mit ihnen, den Zweifelnden, muss ich reden. Nicht als einer, der weiß und sicher ist, sondern als einer von denen, die mit ihnen leiden und suchen, die fühlen, dass alle Gemeinschaft ein Bekennen ist.

Zuerst steigt der Urzweifel auf. Was ist wirklich? Es gibt nur täuschende Erscheinung. Was ist erstrebenswert? Es gibt keine absoluten Werte. Was ist ein Ziel? Ein Zustand, von dem man, sobald er erreicht ist, zu neuen Zielen hinwegstrebt - oder eine unerträglich süße, falsche Seligkeit. Was sind menschliche Triebkräfte? Genuss und Macht. Was ist Tat und Opfer? Zwang unfreien Willens. Was ist Sittlichkeit? Eine Konvention des Zeitalters und der Umwelt. Was ist Geschichte? Die wechselnde Ausdrucksform des Nahrungskampfes. Was ist Dasein? Eine Verirrung des Absoluten, aus dem es nur den Ausweg gibt in Traum und Nichts.

www.maxhoerberg.de

Es ist niemandem verwehrt, einen, mehrere oder alle dieser Sätze für wahr zu halten. Nur sollte er dann so ehrlich sein, wie es Skeptiker und Pessimisten nicht immer gewesen sind, wo nicht auf Handlung, so auf Gültigkeit der Handlung zu verzichten. Er sollte nicht versuchen, mit dürftiger und verhohlener Anleihe aus anderen geistigen Breiten eine Hütte zu zimmern, in der man den ungeselligen, unbequemen, unmaßgeblichen Hausrat der Weltflucht oder Indifferenz, des Zynismus oder Epikuräertums stillschweigend und verstohlen gegen wohnlichere Gerätschaften vertauschen kann.

Drängt uns das Herz, bestimmend zu handeln, so haben wir schon unbewusst und unbeirrt die Wahl getroffen. Unser Wollen erhält nicht mehr sein Licht aus der Dämmerwelt des Intellekts, sondern aus dem höheren und reineren geistigen Bezirk der Seele, die sich nicht vor unteren Instanzen zu verantworten hat, sondern die selbst die höchste, an der Grenze des Irdischen waltende Instanz ist. In ihrem Reiche haben wir den Boden des Glaubens betreten, aus dem von jeher jede Quelle höheren menschlichen Willens entsprungen ist, gleichviel, ob der geometrische Verstand sich nachträglich entschließt, aus handfesten Brocken, Symbolen der Erscheinungswelt, Brunnenränder und Deiche zu erbauen. In diesem Reiche, das alles Sittliche umschließt und uns mit dem Göttlichen verbindet, sind wir frei und bedürfen keiner Beweise und Überredungen, denn was wir aus heiligem Bezirk unberührt herniedertragen, leuchtet und leuchtet ein, es überzeugt durch sich selbst, aus eigener Kraft. Nur dann jedoch wird das prometheische Werk armer menschlicher Kraft gelingen, wenn wir dies Reich der Seele nicht verleugnen, wenn wir streben, auf seinem Boden Heimat zu gewinnen, wenn wir den Glauben wollen, ohne den wir nichts wollen können, wenn wir an den Willen glauben, ohne den wir nichts glauben können. Hier liegt die Synthese des Transzendenten und des Rationalen. Unberührbar, aus hohem Reich gegeben ist der Wille und das Ziel, allen Geisteskräften verbündet und anheimgestellt ist das Wollen und der Plan.

Der nächste Zweifel kommt von der Schulweisheit. Alle Weltverbesserung ist Utopie. Nie hat sich das innere Wesen des Menschen geändert, Entwicklung erlebt nur das Wie, nicht das Was, das Glück des Menschen vermehrt sich nicht. Ja freilich, Technik und Wissenschaft! Sie kommen vorwärts. Doch wer auf eine Änderung, gar eine Veredelung der menschlichen Triebkräfte, auf eine Versittlichung der Gesellschaft, der Wirtschaft hofft, der verkennt das Wesen der unfehlbaren Theorie und mag Narren trösten.

Das sagen meist die Privatdozenten und solche, die es werden wollen, in der forschen Überzeugung ihrer forscherischen Überlegenheit. Dann wenden sie sich wichtigeren Tagesfragen zu, etwa dem Einfluss der Pappdächer auf den Geburtenüberschuss, und vergessen, dass wenn die Welt im Großen nicht gebessert werden kann, es keinen Sinn hat, im Kleinen damit anzufangen.

Nie bin ich müde geworden zu erwidern: Wenn wissenschaftliche Betrachtung einen Wert hat, so liegt er darin, dass sie uns zeigen kann, wie sehr von Urzeiten und Urstämmen her das Wesen des Menschen sich geändert hat. Wäre dies Wesen aber auch in sich selbst unveränderlich, so erleben wir von Jahrhundert zu Jahrhundert die Änderung der herrschenden sittlichen Bewertungen und mit ihnen die Umstellung alles Benehmens. Wenn in einer Beamtenschaft, einer Armee, einer Kaste oder einem Volke die herrschenden Sittenbewertungen etwa auf die Begriffe der Unbestechlichkeit, des Mutes, der Wahrhaftigkeit eingestellt werden - und das sind Vorgänge, für die wir im eigenen Lande Beispiele haben -, so ist die Erörterung müßig, ob damit über lang oder kurz alle zur Lasterhaftigkeit Gestempelten aussterben; sicher ist, dass die Bestechlichen, die Feigen und die Lügner mit ihren Lastern nicht mehr frei hervortreten, und dass diese Laster aufgehört haben, die Gemeinschaft zu beherrschen. Immer wieder übersieht man, dass alle Gemeinschaften eine in ihrer Zusammensetzung sehr ähnliche Mischung aller sittlichen Qualitäten enthalten, und das sittliche Aussehen und Wirken weniger von den überwiegenden Qualitäten bestimmt wird, als von denen, welchen gestattet wird, an die Oberfläche zu treten. Welchen aber diese freie Bewegung gestattet wird, und welche anderen gezwungen werden, sich im Untergrunde zu verbergen, das entscheidet die sittliche Bewertung, also im Gegensatz zu überkommenen Eigenschaften, der freie sittliche

Gemeinschaftswille, der hierdurch zur eigentlichen herrschenden Kraft wird.

Ist somit der sittliche Wille der Bindung aus Herkunft und Vergangenheit dadurch enthoben, dass er nicht auf der Ebene physischer Umgestaltung, sondern auf der Ebene bewusster Wertung tätig wird, ist somit die Frage nach der Veränderlichkeit des Gemeinschaftscharakters eine falsch gestellte Frage, so wird auch die Prüfung des Problems vom wachsenden Glück ergeben, dass dieser Zweifel die Grundfragen des menschlichen Wollens leichtfertig verkennt.

Wir sind nicht da um des Glückes willen. Unser Wille ist nicht da, noch weniger ist Entwicklung da, um unser Glück zu vergrößern. Wir schreiten nicht den Weg der Beglückung, sondern den Weg der Vervollkommnung, den Weg zur Seele, gleichviel, ob unser Glück darüber zugrunde geht. Und wir schreiten diesen Weg nicht bloß, weil wir müssen, sondern weil wir wollen, weil es noch andere treibende Kräfte gibt, die in uns selbst liegen.

Es gibt viele, die an ihre Kindheit mit Wehmut zurückdenken und sagen, damals seien sie glücklich gewesen, jetzt seien sie es nicht mehr. Trotzdem wollen sie nicht zur Kindheit zurück, denn die Art kindlichen Glücks wägt die Art erwachsener Schmerzen nicht auf. Würde uns nachgewiesen, eine niedere Schöpfungsgattung sei mit einem absoluten Maß an Glücksgefühlen begabt, das alles Maß unserer seligsten Empfindungen weit übertrifft: wir wollten mit diesem Stand nicht tauschen. Denn es entscheidet das Gefühl der Vervollkommnung, die Glücksstufe ist mehr als die Glücksmenge. Wir sind geneigt, in romantisierender Anwandlung das Geschick alter Zeiten und Völker, etwa der Griechen höherzustellen als das unsere. Könnten wir uns entschließen, alles zu vergessen, was wir sind und haben, erleiden und ersehnen, um Griechen der Vergangenheit zu sein? Wir, die wir den Blick über den Erdball, die Zeiten und die Naturkräfte richten, die wir von der Kunst aller großen Epochen, von der deutschen Musik, vom nördlichen Frühling, vom Glauben des Ostens und Westens, von zehntausendjähriger Geschichte, von der Philosophie der Völker und der vergleichenden Naturbetrachtung eines Weltsystems leben: Könnten wir uns in engen Landstädten, in gerätelosen Kammern, in gleichförmigen Marktversammlungen, mit einer auserwählten aber vergleichlosen Lebensform und Kunst begnügen? Die Polyphonie unseres Lebens, die an sich kein Glück, wohl aber eine Stufe ist, duldet keine Rückkehr zur einstimmigen Melodie.

Dies sind nur Bilder und Vergleiche. Des Beweises bedürfen wir nicht; denn in uns eingepflanzt ist der Drang nach oben, in Sehnsucht, Wollen und Handeln. Ein Denken, das diesen Drang zu vernichten strebt, macht uns zu Verzagten des Gewissens, zu Stümpern des Tuns. Ein Denken, über das man sich, bewusst oder unbewusst, stets hinweggesetzt hat und hinwegsetzen wird, um recht zu leben, lohnt nicht gedacht zu werden. Eine niedere Instanz, der intellektuelle Geist versucht uns ihr Urteil aufzudrängen, und wir antworten ihr: Du bist unzuständig, überdies ist dein Urteil falsch und unvollstreckbar.

Ein anderer Zweifel kommt von der deutschen Wissenschaft. Ein Engländer hat es gelehrt, wir haben die Lehre aufgenommen und mit unserer Gründlichkeit hundert Jahre lang zu Tode gehetzt: Alles Geschehen sprießt aus den Wurzeln der Zeiten, des Bodens, der Stämme, der Überlieferung. Durchdringt man mit rastloser Liebe und emsiger Forschung die Gegebenheiten der Geschichte und der Erdfläche, die Gepflogenheiten der Sitten und Einrichtungen, so verwandelt sich alle Willkür des Geschehens in sanften Fluss des Wachstums, alles Überraschende ordnet sich ein, alles unheimatlich Fremde wird abgeschieden. Diese Betrachtungsweise hat für den Gelehrten den Vorteil, dass sie alles Denken durch gefühlvolles Wissen ersetzt. Unerschöpfliche Anknüpfungen lassen sich finden, alles Bestehende rechtfertigt sich durch immer neu vertiefte Forschung, alle Taten großer Männer, ja alle Naturereignisse und Wirrnisse erscheinen als Erfüllungen einer Urverheißung, die in der jeweiligen Gegenwart gipfelt. Denn leider reicht die Kette immer nur bis zur jeweiligen Gegenwart; Wissenschaft ist nun einmal nicht prospektiv, sie kann niemand sagen, wie er es machen soll und was, und ihre Prophezeiungen sind meistens falsch. Neue Kräfte, welche die geradlinige Verlängerung des Systems bedrohen, erscheinen als Störungen, als feindliche Mächte - freilich werden sie, wenn sie Erfolg haben, nachträglich in die Ordnung eingegliedert und mit den erforderlichen Vergangenheitswurzeln bedacht -; im Vorblick wirkt die historische Methode konservativ und ist daher im offiziellen Deutschland willkommen, ja unentbehrlich.

Für die Geschichtsschreibung wird sie es bleiben, und auf diese sollte sie sich beschränken. Die Gestaltung der Zukunft wurde uns durch die gemütvolle Verführung der wissenschaftlichen Romantik lange genug gehemmt; eine Zeitlang muss wieder einmal, wie bei jeder großen Wende, die Idee herrschen. Romantisch betrachtet erscheint freilich die Idee fremd, abstrakt, rational, der lokalen Färbung und des gewohnten heraldischen Zierats ermangelnd. So fremd erschien vielleicht dem ländlichen Steinmetzen der Aufriss einer Kathedrale. Ist die Idee verwirklicht, der Turm gebaut, so erkennt man ihre Bodenständigkeit, die eben durch die Verwirklichung gewonnen wurde.

Nur aus der Vermählung des abstrakt Idealen mit dem greifbar Bestehenden stammt Entwicklung; der Baum, der nicht in den Himmel wachsen will und nur seinen Standort bedenkt, wächst nicht und wird von anderen überschattet; dass er nicht in den Himmel wachse, dafür ist gesorgt, seine eigenen Wurzeln werden ihn zurückhalten. Alexander hätte nicht den Osten hellenisiert, Karl nicht die Sachsen bekehrt, Napoleon nicht die neue Zeit emporgeführt, wenn sie sich von Professoren über Bodenständigkeit hätten beraten lassen; nachträglich hätten sie vielleicht einige aufklärende Zustimmung erlangt. Der Vorblick ist vom Rückblick verschieden; leicht weist man auf, wie die Frucht am Stengel, der Stengel am Zweig, der Zweig am Ast, der Ast am Baum sitzt. Ein anderes ist es zu sagen, welche Knospe sich zum fruchttragenden Ast entwickeln und welche verdorren wird. Die Wissenschaft unterschätzt die Fliehkraft des schöpferischen Willens, der umso erdenmächtiger wird, je weniger er sich um die irdische Bindung kümmert.

Ein ganz tatsächliches Moment sollten die Verehrer des ruhigen Flusses und der Überlieferungskräfte nicht vergessen: Die Völker, mit denen die nationale Erinnerung sich in feierlichen Augenblicken identifiziert, leben nicht mehr. Die Italiener sind keine Römer, die Franzosen keine Franken und die Deutschen keine Germanen. Die Verschmelzung mit Unterworfenen und mit den eigenen unbekannten Unterschichten hat die Völker nicht nur von Grund auf gewandelt, sondern auch weit mehr, als man zuzugeben geneigt ist, untereinander angeähnlicht. Die geistigen und körperlichen Verschiedenheiten der Proletariate Europas, die heute schon die überwiegenden Massen der Völker ausmachen und daher auch die eigentlich Kriegführenden sind, erweisen sich als sehr gering. Der Umschichtungsbewegung, die in Deutschland die letzten fünf Jahrhunderte erfüllt, entstammt die ganze sichtbare Änderung unseres Völkerlebens; die Einrichtungen sind den Änderungen der Substanz nicht vorausgeeilt, sondern zeitweise um große Strecken zurückgeblieben; man erinnere sich der kleinen Einzelzüge: dass vor dem Kriege das Wort *"Volk"* in der offiziellen Sprache verpönt war und nicht an den Reichstagsgiebel geschrieben werden durfte, und dass jede Verteidigung des Begriffes der Demokratie an Staatsverbrechen rührte. Zweierlei sollten die kryptokonservativen Denker im Auge behalten: einmal, dass die Wasser der Weltgeschichte unaufhaltsam zum Tale laufen, das Freiheit heißt, und sich niemals haben umkehren lassen, sodann, dass überlange Stauung die Dämme bricht.

Der ernsteste Zweifel ist der chaotische.

Es kann geschehen, dass das Entsetzen der Zeit in einem Menschen so mächtig wird, dass er Heilung nur noch in der Vernichtung sieht, in der Feuerverzehrung selbst, im restlosen Niederbrennen des Brandes. Das Entsetzen der Zeit - ist denn dieses Entsetzen größer als das Entsetzen früherer Kriege? Ist denn die Zahl und Masse das Mächtige, ist denn der Mord der Millionen schwärzer als der Mord eines Einen? Sind denn geschlachtete Städte und Landstriche der Großkönige und Pharaonen, Khane und Cäsaren mildere Opfer gewesen als die der Handgranaten und Gase? Freilich nicht; menschliches Elend wächst nicht über sich selbst hinaus durch angehängte Nullen, die Million ist an sich nichts anderes als die Myriade. Dennoch ist diese wissenschaftlich geregelte Feuerflut das vorbildlose Grauen der Jahrtausende, und es ist begreiflicher, dass manche, die es erleben, an allem verzweifeln, als viele, die es erleben, an nichts verzweifeln.

Alles frühere Elend war ein Geißelschlag, der auf den Rücken der gesunden Erde sauste. Getroffen wurden von der Furie zwei Heere und was ihnen in den Weg kam, das andere blieb gesund. Der Dreißigjährige Krieg war das Vorbild der fressenden Kriegsseuche, doch sie blieb im Raume beschränkt. Den wahren Vergleich dessen, was wir erleben, nein, zu erleben beginnen, bietet der fünfhundertjährige Brand, in dem ein Weltzeitalter sich löste. In der Schmelzglut versank die südliche Antike und die mönch-ritterliche Strenge des Nordens stieg empor. Doch auch diese Krisis war innerlich milder, denn sie betraf unbewusste Geschlechter in der Gestalt eines objektiven Schicksals.

Was wir erleiden, ist die furchtbare Konsequenz der Sinnlosigkeit, die selbstgeschaffene Hölle. Nicht eine verantwortungsvoll lebendige Seele will das Leiden, und jede ist verflucht, wissentlich und willentlich, in Duldung und Hass, in Widerstreben und Furcht das Leid des anderen und das Leid der Welt zu mehren. Jeder, der lebt, und wenn er nur sein tägliches Brot verzehrt, ist mitschuldig, schädigt und tötet, keiner kann sich dem Geißeltanz entziehen, je heißer er blutet, desto wilder muss er schlagen. Keiner weiß den Sinn, keiner den Grund, keiner den Zweck, es bleibt ihm als Trost nur der selbstentfachte Hass und die zitternde Empörung über die Schlechtigkeit des anderen. Niemand sieht den Ausweg, denn wem es schlecht geht, der kann nicht beenden, und wem es gut geht, der wird gezwungen, seine Forderung zu steigern. Ein jeder aber, dessen Herz nicht stumpf ist, fühlt, dass die Schlechtigkeit des anderen es nicht allein sein kann, dass hinter allen Schlechtigkeiten ein böses Schicksal steht, und dass dieses Schicksal die Ungerechtigkeit aller ist. Und deshalb wiederum fühlt man die Unabwendbarkeit der selbstgeschaffenen Not, fühlt man, dass sie nicht zu Ende gehen kann wie die Entscheidung eines Zweikampfes, die Recht und Unrecht durch Buße und Erstattung löst. Noch immer zwar, weit tiefer als man weiß und zugibt, ist die Welt durchsättigt von der Vorstellung des Gottesurteils, von der Verwerfung des Besiegten, von der Rechtfertigung des Siegers, dass der Sieg an sich nach Gottes Wohlgefallen neues Recht und neue Sittlichkeit schafft, dass der Unterworfene von der Gottheit selbst dem Unterwerfer unter die Füße gelegt wird zur Schonung oder Vernichtung nach freiem Ermessen, wie der Ausdruck lautet: auf

Gnade und Ungnade. Daher bei jedem Misserfolg ein tieferes Gefühl als Enttäuschung und Kummer, nämlich die sittliche Angst vor der Verwerfung, bei jedem Erfolg ein Höheres als Freude, nämlich die Sicherheit, auf der Seite des kämpfenden Gottes zu stehen; daher die wachsende Hemmung gegen Verständigung: Denn wie sollte der jeweils vom Gott Beschirmte, der Träger des Schicksals, mit dem Gezeichneten, dem vor aller Welt Widerlegten und Entrechteten, paktieren? Und die urzeitliche Vorstellung wird bekräftigt durch den öffentlichen Wettbewerb der Beteiligten um die Gunst des Schlachtengottes, von dem man annimmt, dass sein Entschluss durch Gebet, Danksagung, Ehrenbezeigung und Buße wo nicht geändert, so doch gestärkt werden könne.

Der neuzeitliche Mensch, dem es nicht mehr gegeben ist, das Entsetzen auf den Kometen und den Zorn der Dämonen abzuwälzen, der in seinem Inneren alle Schuld und Verantwortung für das widerwillig selbstgeschaffene Leid sucht und findet, kann von Verzweiflung so überwältigt werden, dass er aus seiner Not ins Chaos flüchtet. Es kann ihm geschehen, dass er getrieben wird, alle Werte anzutasten, dass er die Frage wagt, ob jene Güter, die Christus nicht als Güter kannte, Vaterland, Nation, Wohlstand, Macht, Kultur, wahrhaft so hoch erhaben, so tief gegründet sind, dass in ihrem Namen die Welt friedlich und kriegerisch sich in die ewige Sünde der Feindschaft, des Hasses und Neides, der Ungerechtigkeit und Unterdrückung, der staatsmännischen Ränke, der Gewalt und des Mordes verstricken dürfe. Der Zweifel kann sich versteifen, wenn berufene Ausleger des Wortes, zwischen Schrift und Wirklichkeit gestellt, die Gebote der Liebe außer Kraft setzen oder durch gewagte Deutung den kämpfenden Mächten unterwerfen. Ist denn nicht den Armen und Ohnmächtigen das Himmelreich verheißen? Ist nicht die Verkündung allen Völkern gepredigt? Ist es nicht göttlich, Unrecht erleiden? Ist es das Wissen, das selig macht? Ist nicht ein Vater im Himmel und ein Land die Erde?

Warum sollen nicht die Völker in der Menschheit lösen, die Staaten im guten Willen, die Mächte in göttlicher Fügung, das Handeln im Dulden?

Der Mensch ist ein Geschöpf des Gleichgewichts, und niemandem steht es mehr an als dem Deutschen, der über Zeiten und Räume blickt, die höhere Menschheitsstufe zu begreifen. Nicht das Gleichgewicht des Tieres, das den Ansprüchen der eigenen und der umgebenden Natur genügt, wenn es widerspruchslos sich den einfachen Trieben und Wallungen seines Wesens überlässt; sondern das wiedergewonnene schwebende Gleichgewicht, dessen die Kunst das schönste Bild ist, das Gleichgewicht der Wiedergeburt aus den Wirrnissen unauflöslicher Widersprüche. Es ist der Stolz unseres Daseins und der Beweis, dass wir hart an der Grenze des göttlichen und des animalischen Reiches stehen: dass die widerspruchsvollen Bedingungen, denen die Schöpfung uns unterworfen hat, schlechthin unlösbar sind, und dass dennoch die Dichterkraft einer Lebensharmonie uns zugemutet wird. Die Gewalt der Sinnlichkeit und die Inbrunst der Erdenflucht, die Standkraft der Selbstbehauptung und die Entsagung der Nächstenliebe, die Sorglosigkeit der Vernichtung und die Marterschaft des Opfers, die Klugheit der Naturbezwingung und die Kindlichkeit des Aufblicks, der Eigensinn der Arbeit und die Selbstvergessenheit der Träumerei, die Herrenkraft der Verantwortung und die Demut des Dienstes, die Vermessenheit des Zweifels und die Einfalt des Glaubens, die Härte der Gerechtigkeit und die Zartheit des Mitleids, der Wille zum Glück und die Sehnsucht zum Leiden, die Dämonie der Leidenschaft und die Stille der Verklärung: Diese Gegengewalten hat eine Gottheit gewoben, so unentwirrbar und so unentrinnbar, dass die Unerfüllbarkeit des Gleichgewichts uns schlechthin als das Sinnbild unerfüllbarer Vollkommenheit erscheint. Die Problematik der menschlichen Kontraste aber wirkt sich aus in der Unvereinbarkeit der objektiven Ideale; kann man im Inneren das Wollen und Dulden nicht vereinen, so lassen sich im Äußeren die Forderungen der Macht und Gerechtigkeit nicht vermählen.

Einseitigkeit ist der Ausweg, den der Einzelne ahnungslos oder resigniert betritt, und aus der Mannigfaltigkeit der Einseitigkeiten kann einer individualistischen Nation wie der unseren noch immer die volle Rundung der Allseitigkeit erwachsen. Wenn sie Heilige und Leidenschaftliche, Tätige und Betrachtende, Schaffende und Genießende in rechter Mischung enthält, so kann sie den Schein eines vollendeten Volkes und einige seiner Richtkräfte noch immer bewahren. Das Ziel, dem wir zustreben, ist jedoch nicht Vollkommenheit aus der Mannigfaltigkeit der Mängel, sondern Vollkommenheit des Ganzen aus Vollkommenheit der Teile, das Ziel der Hellenen muss das Ziel der Deutschen sein. Ganz und gar muss es aber unserem deutschen Denken widersprechen, aus Furcht vor dem Kampf um Vollendung die Einseitigkeit der Nation zu wollen. Uns hat man früher nachgesagt, dass uns vor anderen der ungetrübte Blick für alles Vorzügliche geschenkt war, uns steht es auch in Zukunft nicht an, den Verzicht der Beschränktheit zu wählen. Uns steht nicht an, was dem Orientalen gewährt ist; selbst um der Heiligkeit willen dürfen wir nicht auf Tätigkeit, um der Betrachtung willen nicht auf Naturbeherrschung verzichten. Unser abendländisches und deutsches Los verlangt zum Innerlichen das Gestalten, zum Empfangen das Geben, zum Leiden das Schaffen, zum Fernsten das Nahe. Auf dem Wege zur Menschheit dürfen wir nicht die Familie und nicht die Nation übergehen, auf dem Wege zur Sittlichkeit nicht die Ordnung, auf dem Wege zum Geistigen nicht das Greifbare: Boden, Wohlstand und Macht. Dieses sage ich euch, den Zweifelnden; den Selbstgewissen aber, die nicht denken und prüfen, sondern bekräftigen, werden wir immer wieder zu sagen haben, dass von den greifbaren Dingen auch die höchsten nicht Selbstzweck sind.

Doch der chaotische Zweifel ist nicht besänftigt: Auch wenn wir die Ganzheit der nationalen Güter wollen, so könnte es sein, dass aus der Wirrnis unserer Tage nicht mehr das Türmen der Mittel uns rettet, sondern der Abbau, dass Raum und Luft vor allem zu schaffen sei, und sei es durch Sprengung. Auch ein Waldbrand schafft fruchtbares Land, und was bedeuten für die Geschichte der Zeiten die Jahrzehnte der Wüstenei, aus der sich zuletzt doch wieder der wiedergeborene Wald erhebt.

Wir haben den Waldbrand im Osten erlebt. Es war das weltgeschichtlich Größte von dem, was bisher im Kriege geschah und vielleicht geschehen wird, als das gequälteste von allen Völkern seine Vergangenheit auslöschte, den Krieg auslöschte mitsamt dem Willen zur Macht und äußeren Größe, sich und die Welt zur Menschheit aufrief und den Feuerbrand in das erstorbene Dickicht seines Gewaltstaates schwang. Ein Hauch der Andacht zog über die Erde. Man empfand: Hier geschieht etwas, das mehr ist als dummschlau verlogene Anerbietungen, als prahlerische Drohungen, als Nahrungs- und Moralersatz, als Diplomatenpfiff, als Erfindung neuer Todesarten. Man empfand: Eine Tat der Entäußerung und Befreiung ist wie ein Bekenntnis, durch sie kann gesühnt werden, durch Taten der Verschlagenheit und Erbitterung wird nicht gesühnt.

Doch alsbald ahnte man: So leicht wird es einem Volke nicht gemacht. Nicht in einer Welt der Starrheit, des Schweißes und der Tränen, wo der eine ein Leben lang, das Volk durch Jahrhunderte büßt. Ein Volk springt nicht mit beiden Füßen in den Himmel, wenn es sich durch unvordenkliche Knechtschaft und durch mitschuldige Duldung besudelt hat, auch wenn es ein kindliches und beseeltes Volk ist.

Das russische Volk wird alles nachholen müssen, was Völker begangen und erduldet haben, den Sündenfall der Bewusstheit, den Zweifel, die Selbstvernichtung, die Binnenkämpfe, das innere und äußere Schicksal. Zunächst steht ihm einmal der Dreißigjährige Krieg, die Zerstampfung durch alle Nachbarvölker und die Selbstzerfleischung der Gebiete und Parteien bevor. Wie ihr französisches Vorbild wird die russische Revolution alle Marterstufen der Schuld und Erniedrigung, der Schmach und Verleugnung, des Terrors und der Reaktion durchlaufen, ihr Weg wird in Blut und Morast versinken, und dennoch wird sie wie die Französische Revolution in hundert Jahren die Erde umschreiten und restlos verwirklicht sein. Freilich nicht so, wie sie meint. Die Französische Revolution wollte das Naturreich Rousseaus und die Republik der Römer, sie schuf, was ihrem inneren Wollen entsprang, das Reich des Bürgers, das eigensüchtige Nützlichkeitsstreben des bourgeoisen Liberalismus und die konstitutionelle Plutokratie. Die russische Bewegung will Tolstois Reich der Gerechtigkeit und den Kommunistenstaat der Marxisten; was sie erreichen wird, ist das Reich des wirtschaftlichen Ausgleichs und die organisch durchstaatlichte Wirtschaft.

Ein gewaltiger Gegensatz aber besteht zwischen der westlichen und der östlichen Bewegung, den die russischen Kommunisten und ihre Anhänger nicht erkennen: Den Franzosen lag ob, die feudale Ordnung zu brechen, um das freie Spiel der Kräfte zu entfesseln, und ein Dekret reichte hin, um das zu vollenden. Die kommende Ordnung jedoch ist keine Auflösung, sondern ein Aufbau, nicht Aufstände und Dekrete können ihn schaffen, sondern die rastlose organische Arbeit schaffender Äonen. Vielleicht ist für den fehlerhaft begonnenen, wenig vorgeschrittenen Bau der russischen Staatswirtschaft und Staatsverfassung die Abtragung, die wissentliche Staatssabotage das wirksame Mittel, um Raum für das Bessere zu schaffen, obwohl schon hier der Blutverlust selbst die gelungene Operation mit tödlichem Ausgange bedroht. Entwickeltere Länder haben zu viel zu verlieren; sie haben in der Not des Krieges manches gelernt und werden in der Not des Friedens so viel dazulernen, dass ihnen ein Umbau gelingt, bei dem die Fundamente und ein Teil der Stützen erhalten bleiben.

Am wenigsten aber ist es den Deutschen bestimmt, Gewalt zu treiben, wo Kunst und Umsicht helfen kann. Wir waren nicht revolutionär, als es uns bestimmt war, es zu sein; die misslungene achtundvierziger Bewegung diente dazu, den oberen Mächten zu zeigen, wie wenig politischer und sozialer Wille im Volke verankert war. Wir waren und blieben gewohnt, Rechte und neue Ordnungen als widerwillige Geschenke ärgerlicher Geber zu empfangen, und leben daher heute im seltsamsten Gemisch von Feudalismus, Plutokratie, orthopädischem Sozialismus und undemokratischem Liberalismus. Den künftigen Aufbau aber werden nicht ungezogene Massen und beleidigte Autoritäten erhandeln, sondern ein ernstes, überzeugtes Volk, das Hohe und Niedere umschließt, wird ihn erarbeiten: das Volk eurer Tage.

Uns ist der Zweifel befruchtend, nicht fruchttragend. Die schaffende Liebeskraft erwacht nicht ob allem Getöse des hadernden Verstandes. Nicht die bange Sorge der Not, nicht der Rechengeist der Nützlichkeit, nicht der Kompromiss der Interessen, nicht das schlaffe So oder anders, nicht das Achselzucken des kleineren Übels wirkt die Wende des Zeitalters und die Wiedergeburt der Menschheit, sondern der wortlos freudige, fraglos waltende Mut der Seele. Den aber schafft der Glaube.

Glaube

Keine freiwillige Handlung, keine kleinste Regung unseres Wollens geschieht, die nicht von den tiefsten, allem Denken entrückten Quellen unseres und des kosmischen Daseins getränkt wird. Der Geist kann nur zwischen Vergleichbarem entscheiden, der Wille aber muss zwischen dem Unvergleichbaren wählen, und nur eine innere Richtkraft kann ihn leiten. Aus der Reihe unserer Wahlen und Entschlüsse setzt sich unser Leben zusammen, wir nennen es Charakter und Schicksal und erklären es zum Überdruss aus Erblichkeit, Umwelt und Gesetz. In Wahrheit ist es das Hineinragen des Unergründlichen in unsere Welt, das Walten der Schöpferkraft, die sich in unserer Begrenztheit zum Farbenspiel der Willensregungen bricht.

Warum wollen und lieben wir dies? Warum nicht ein anderes? Warum erschrecken wir vor jenem mehr als vor diesem? Warum halten wir dies Übel für größer, diese Freude für reiner, dieses Streben für höher, diese Gestaltung für vollkommener? Warum wählen wir hier den Sinnenreiz und dort die Mühe? Warum hier das gegenwärtige Übel statt des künftigen, dort das künftige statt des gegenwärtigen? Warum ziehen wir hier die Ehre vor und dort den Genuss, und da die Sünde und da die Entsagung? Warum opfern wir uns einem anderen? Warum opfern wir den Inbegriff unserer Freuden einer Idee? Warum sorgen wir für kommende Geschlechter? Warum wollen wir Dinge nach unserem Tode?

Wir wägen gegeneinander Besitz und Sünde, Ehre und Schmerz, eigenes Leid und fremde Freude, lebendiges Ungemach und totes Glück, Tagessorge und künftigen Kummer, Gerechtigkeit und Entbehrung, göttliche Liebe und irdische Freude, wir wägen das Unabwägbare, vergleichen das Unvergleichbare und entscheiden bald so und bald so.

Verschmäht man die Begründung: Wir handeln aus Angst und Gier, aus Furcht vor Entbehrung, Langeweile, Verachtung, göttlicher Strafe, Schmerz und Tod, aus Begehren nach Sinnenlust, Macht, Schein, Besitz, Belohnung und Wechsel; verschmäht man dies menschenunwürdige Bekenntnis, so ist anerkannt: Richtkräfte unseres Lebens sind absolute Werte. Diese Werte können benannt, aber nicht begründet werden.

So wenig der Fahrplan uns sagen kann, nach welchem Lande uns die Sehnsucht zieht, noch welches uns bestimmt ist, so wenig kann die Gedankenkunst der Philosophie uns Werte beweisen. Sie kann sagen: tust du das, so geschieht das. Mir scheint dies das größere, jenes das kleinere Übel, dies das höhere, jenes das geringere Gut. Sie schließt: du sollst, oder: du musst. Darauf steht es jedem frei zu antworten: ich soll? - Aber ich will nicht. Ich muss? - Nein, ich kann auch anders.

Dann schweigt die Philosophie beleidigt, oder sie ballt die Faust und droht, oder sie wendet sich ab und schmäht.

Das Denken schafft keine Werte. Sie sind gegeben, oder sie sind nicht. Wer ehrlich ist, weiß, dass er manchmal Folgen mit dem Verstande abgewogen hat, niemals Ziele. Er handelt wie er handeln muss, nach innerem Gesetz, und dieses Gesetz ist tierisch oder es ist göttlich. Wer Werte ergrübelt, ist hilflosen oder kranken Geistes und nicht berufen. Die Gründe, die jemand nachträglich für sein Handeln gibt, sind falsch. Niemand weiß, was in irgendeinem Augenblick in ihm vorgeht; ein tausendfältiges Ich kreuzt seine widerspruchsvollen Fühlungen und Wollungen, und ein Innerstes entscheidet.

Werte werden nicht erdacht und erstritten, sondern geschenkt. Geschenkt dem, der reinen Herzens ist, und dessen Geist schweigen kann. Sie sind das Geschenk überintellektueller Kräfte, deshalb bedürfen sie keiner Begründung und keines Beweises, sie bestehen aus eigener Kraft, denn sie entstammen dem Reich der Seele. Den Eingang zu diesem Reich erzwingt man nicht, und doch steht es himmelweit offen. Der höchsten Menschenmacht ist es erschlossen, der Liebeskraft des Glaubens.

Glauben! Zögernd gestehe ich euch, Freunde: ich liebe das Wort nicht. In der griechischen und römischen Schrift stehen die Wörter πιστιζ und fides, die heißen Treue und Trauen. Als man sie mit Glauben übersetzte, da stand dies schöne Wort seinem Ursinn näher, jetzt ist es verwelkt und sagt nicht viel mehr als *"für wahr halten"*. Nur wenn wir bekennen *"ich glaube an Gott"*, so erklingt der alte Glockenton. Nichts steht dem Glauben ferner als das Meinen. Und so wie wir das schwach gewordene Wort zum reinen Sinn beleben müssen, ist uns das Gleichnis gegeben, wie wir die alte Worteskraft erwecken sollen.

Kränker ist das Wort Religion. Bei den Römern war es stark, es hieß Bindung, eine rechte Knebelung mit Stricken, wie die Liktoren sie pflogen. Wir denken leicht an Kirchenglauben, an etwas, das in Schulen gelehrt und geprüft wird, an ein bürgerliches Unterscheidungsmerkmal. Man hat Religion das *"Gefühl schlechthinniger Abhängigkeit"* genannt, das betont die Bindung und entbehrt der göttlichen Freiheit; der Begriff der Transzendenz ist erfüllt vom Denken; zuweilen möchte ich Gottesbund, zuweilen Gottesfreiheit und am liebsten Gottesfriede sagen.

Wollen wir vom Glauben reden und gar von kommendem Glauben, so lasst es uns in großer Freiheit und ohne Schämen beginnen. Wir, die wir nicht in Gemeinden knien können, wir wagen vor beschämter Ehrfurcht nicht, die höchsten Worte auszusprechen und fürchten uns, unsere Seelen zu entblößen. Wird es uns schwerer als den berufenen Glaubensverkündern, diese Scham zu überwinden, um zu bekennen, wie es in unseren Herzen um den Glauben steht, so soll es umso rückhaltloser geschehen, ja wir wollen vor allem den Versuch wagen, in harter Selbsterforschung das zu offenbaren, was jenen nicht obliegt: den unbewussten Widerwillen gewissenhafter Menschen unserer Zeit gegen den Glauben.

Die erste Hemmung ist die der sittlichen Haltung. Abendländische Sittlichkeit und Erziehung beruht auf der alten Verherrlichung des Mutes, der Verdammung der Furcht. Mut mit seiner Gefolgschaft der Wahrhaftigkeit, Treue, Herrenhaftigkeit, des vornehmen Verzichts; Furcht mit ihrer Sippe der Heimlichkeit, Lüge, Zweckhaftigkeit, Unterwürfigkeit, Begehrlichkeit und Zudringlichkeit. Der Begriff der Sünde besteht nicht. Verwerflich ist nicht das Menschliche an sich, am wenigsten Ungehorsam und Selbstherrlichkeit; verwerflich ist nur das Unehrenhafte, die Feigheit und was sie verrät. Keiner Erlösung bedarf es, der anständige Mensch getraut sich, mit Welt und Überwelt aus eigener Kraft fertig zu werden, allenfalls mit Hilfe mutfreudiger Mächte, die den Tapferen, als einen ihresgleichen, nicht im Stiche lassen.

Nie wäre es der mittelalterlichen Kirche gelungen, das Mutideal zu brechen und das Zeichen der Unterwerfung zu erhöhen, wäre ihr nicht die aufquellende europäische Unterschicht gefügig gewesen. Die Kirche musste die Gräuel der Hölle ins Unaussprechliche häufen, um den Funken von Furcht in mutigen Herzen zu entfachen, sie bedurfte der fügsamen Kinderseele und der Frauenwelt. Dennoch hat sie im abendländischen Geistesleben nicht mehr als ein Gleichgewicht erreicht, das seltsamste in aller Geistesgeschichte der Erde. Abgesehen von religiös begabten Naturen und von Beschränkten ist der europäische Mann in der Blüte seiner Jahre nicht Christ. Bestenfalls kreuzt sich in ihm eine Wochentagsanschauung mit einem Sonntagsglauben, der auf das Fühlen, geschweige das Handeln, nicht wirkt. Wenn Mutvorschriften, wie etwa Zweikampf, in Frage stehen, muss die Glaubenskonvention schweigen; das Gebot des Backenstreichs ist schlechthin Ärgernis.

So mischt sich für den normalen männlich erwachsenen Europäer in die Dinge des Glaubens ein Beigeschmack von Unwahrhaftigkeit, Unterwürfigkeit. Widerliche Sünden bekennen, sich selbst hinstellen als einen, mit dem man nicht verkehren würde, wenn man ihn träfe, Verzeihung erbitten in unwürdiger Haltung und schlechtem Gewissen, erlöst zu werden durch Gnade, von einer Gottheit, die das Gröbste an Schmeichelei hinnimmt, ja vielleicht verlangt, die von ihren Anhängern eine geläufige Konvention der Salbung in Rede und Gebärde fordert: das sind Empfindungen, die mit Schrecken zurückgedrängt und verleugnet, sich ins Unterbewusste flüchten und den Widerglauben nähren. Wer in seiner Jugend eine Periode atheistischer Ungläubigkeit erlebt hat, der erinnert sich unter allen Nöten und Leerheiten eines Gefühls resoluter Ehrlichkeit, das lieber auf Trost und Heil verzichten als dauernd das Opfer der Einsicht und der ritterlichen Gesinnung bringen will. Ein schwacher Widerschein dieses alten Gefühls dämmert auf, wenn wir einem handfesten, naturwissenschaftlichen Atheisten begegnen; wir betrachten kopfschüttelnd die selbstbewusste Gewissheit, mit der in den höchsten Dingen der Vorrang des Verstandes gefordert wird, doch wir empfinden, dieser Mann macht es sich nicht leicht, er hat es schwerer als wir, und nicht aus unedlen Gründen. Vergangene Jahrhunderte hatten die Kraft und Pflicht, den Gottesleugner als Störer irdischer und göttlicher Ordnung mit Feuer und Schwert zu verfolgen; doch nur ein Gefühl verärgerten Selbstbewusstseins und unfreiwilliger Achtung erklärt die selbstbetäubende Wut und schaustellende Verachtung jener eifernden Gerechten.

Vorblickend nehmen wir wahr, dass künftiger Glauben manches Erbteil von Babylon und Zion, von Byzanz und Rom, ja einiges auch von Wittenberg abstreifen wird; er wird ein freier und männlicher Glaube sein, ohne Sündenlümmelei und Salbaderei, ohne Selbstentehrung, Schmeichelei, Bettelei und Winselei, für uns Deutsche aber so, wie er aus deutschen Herzen kommt, und von deutschen Lippen klingt. Unsere ererbte sittliche Haltung der Mutverehrung wird er nicht vernichten, noch weniger aber sich ihr beugen. Denn menschliche Sitte ist im Lichte der Weltensonne nichts; der Glaube steht auf höherem Recht; wenn er Sünde zeiht, so werden wir uns schuldig fühlen, wenn er Demut fordert, so werden wir uns beugen, wenn er Erlösung verheißt, so werden wir sie begehren. Alle diese Dinge aber gehen nicht vor im Bereiche der Wünsche und Ängste, des hastenden Willens, des geistlichen Betriebs- und Verkehrswesens, sondern in der Stille des Herzens und nicht um Güterwerben, sondern um höchste Werte.

Die zweite Hemmung ist die des sittlichen Handelns. Der Glaube steht nicht für sich, mit der gläubigen Haltung ist es nicht getan, es entsteht gläubiges Leben, Verkehr mit den göttlichen Mächten und sein Abbild im täglichen Handeln.

Die Lehrer der Religionen sind geneigt, den Eudämonismus[4], das Streben nach irdischem Glück und Gut im göttlichen Verkehr, mit Milde hinzunehmen, historisch gesonnen, wie nun einmal alles in unserer formeldenkenden Zeit, erkennen sie im Eudämonismus eine der religiösen Urformen, einen nötigen und

---

[4] Glückseligkeitslehre

erwünschten Durchgang zum reineren Glauben und gehen leicht darüber hinweg, dass nur ein verschwindender Teil aller Glaubensübung über eudämonistische Beschwörung hinausreicht. Wir jedoch haben dieser Tatsache ins Auge zu blicken, wenn wir wissen wollen, welche unterbewusste Strömung viele Gemüter vom Glauben fernhält.

Es soll dem ursprünglichen Menschen nicht verdacht und zu seinem Troste gern gegönnt sein, wenn er die göttlichen Personen und ihre Gefolgschaft für Wesen hält, die nach Menschenart bestimmbar sind. Nicht bloß Glaube und rechte Gesinnung, sondern gute Werke, Sündenbekenntnis und Buße, Danksagung und Lobpreisung, inständiges Gebet, ja selbst Gelübde und Opfer bewegen die Mächte, von ihrem Vorhaben abzugehen und das zu bewilligen, was man erbittet. Man bittet um Seelenheil und Segen im Allgemeinen, aber auch um Gesundheit und langes Leben für sich und andere, um gutes Wetter, Ernte, Wohlstand, Vernichtung der Feinde, Sieg. Vom Kriege waltet die Vorstellung des Gottesurteils, das durch Parteinahme der Gottheit für einen der Kämpfenden entschieden wird. Da nun jeder Einzelne Dinge erbittet, die alle wünschen, die aber nicht allen durchweg gewährt werden können, so entsteht ein Wettbewerb der Frömmigkeit um die göttliche Gunst.

Es darf nicht verkannt werden, dass manche innerliche, das Materielle weit übersteigende Regung sich in diese gläubige Betriebsamkeit mischt; dennoch ist ihr eigentliches Wesen nicht mehr Sache des Gemütes, sondern der zweckdienlichen Überlegung und der zielbewussten Nachhaltigkeit. Denn wer einigermaßen überzeugt ist, dass alle irdischen Segnungen sich auf dem Bittwege und durch Einhaltung von Formen erlangen lassen, der wird leicht diesem alles in allem bequemeren Weg den Vorzug geben und alles daransetzen, durch nützliche Inbrunst alle Mitbewerber aus dem Felde zu schlagen.

Hier sondern sich die Charaktere. Es sind nicht die Schlechtesten, die den Weg der geistlichen Betriebsamkeit verschmähen, um die ganze Härte mannhafter Arbeit auf sich zu nehmen. Erblicken sie nun die zielbewusst Frommen und unter ihnen bisweilen eine kopfhängerische Gestalt, die mit Verachtung auf den

Gottlosen herabsieht, der es sich so schwer macht und doch nichts erreichen darf, so erwacht abermals ein Trotz, der sich nicht gegen die primitive Form des Eudämonismus, sondern gegen den Inbegriff des Glaubens richtet. Ein Glaubensbetrieb, der sich irdischen Zielen anpasst, der als Mittel zum Zweck dienen darf, erscheint ihnen als Magie, gleichviel ob mit gutem oder schlechtem Willen und Erfolg gehandhabt.

Religionslehrer und Kirchen mögen sich fragen, ob sie so viel getan haben als nötig war, um die Menschen über das wahre Verhältnis des Eudämonismus zum Glauben aufzuklären, ob sie nicht gelegentlich die alte Nützlichkeitsseite des Glaubens willkommen hießen, gleichviel ob als Erziehungsmittel oder um die Gläubigen bei der Stange zu halten.

Künftige Gläubigkeit wird nicht verkennen, dass der Glaube auch eine weltliche Sendung habe, wenn auch nicht die der handgreiflichen Nützlichkeit: denn er schafft Werte und bewegt somit das ganze Gefüge des irdischen Willens; er heiligt den Menschen, indem er den innersten, unbewussten Kern seines Wollens berührt; er bringt Trost, indem er alles Leiden, das in seiner letzten Wurzel ein inneres ist, in der Tiefe sänftigt. Das ist die irdische, die geringere Seite des Glaubens. Es mag Menschen geben, die sie verschmähen, doch ihre Ablehnung wird eine passive sein, wie die der Unmusikalischen gegen Musik, nicht mehr eine abstoßende aus verletztem Gefühl und Auflehnung des Charakters.

Die dritte Hemmung entspringt dem Intellekt. Sie ist die offenkundige, unablässig besprochene, die von uns nur in ihren letzten minder bewussten Wirkungen aufgehellt werden soll. Da Glauben nie aufgehört hat, als ein Fürwahrhalten zu gelten, da die Grenzen dessen, was für wahr gehalten werden soll, von den meisten Religionslehrern dogmatisch gezogen, von vielen ihrer Anhänger zweifelnd überschritten werden, so entstehen die Konflikte des Skrupels, die drei Lösungen haben: Entfremdung vom Glauben, Kompromiss, und Opfer des Intellekts. Solange der Glaube dogmatisch bleibt, ist die letzte Lösung, die des Opfers, die allein vollkommene und folgerichtige. Doch gerade sie erweckt von neuem Bedenken des Charakters. Immer wieder fühlt der Zweifelnde, dass der Beruhigte es sich bequem macht, dass die Schwere des Opfers geradewegs mit der Gewissenhaftigkeit wächst, und in dem Augenblick, wo er es zu bringen bereit ist, schreckt er zurück, weil er seine Gewissenhaftigkeit durch die Wucht der Vorteile bestochen fürchtet. Freilich haben die geistig Armen es gut, sie sitzen beisammen und werfen erstaunte Blicke auf den Dämonischen, der es, wohl aus eigener Schuld, so schwer hat. Er aber geht nun in seinem Zweifel so weit, dass er die geistig Armen schlechthin für Beschränkte, für Unmaßgebliche hält, und in selbstverwundetem Stolz umso weiter von der Pforte des Glaubens zurückweicht. Er weiß, dass er, soweit es menschenmöglich ist, seinen Intellekt zwingen könnte; er könnte es mit symbolischer Ausdeutung versuchen, er könnte über die Dinge hinweggleiten, sie an eine dunklere Stelle des Bewusstseins rücken, durch Suggestion des Willens die Gegenkräfte verdrängen. Doch diese Mechanik scheint ihm nicht würdig; er vermag nicht zu denen aufzublicken, die sie angewendet haben und nun ihre Ruhe genießen. Er will nur das eine vermeiden: von den schlechteren Kräften seines Wesens zum Guten gezogen zu werden.

Mag falscher Stolz die eine Hälfte der Schuld tragen, die andere Hälfte ruht auf den Mechanisierungsformen des Glaubens, die seine Inhalte seit unvordenklichen Zeiten nicht fortentwickelt und einer veränderten Menschheit angepasst haben, indem sie nämlich die Inhalte des Glaubens, entgegen seinen Stiftern, als sein Wesen ansahen.

Völkerschaften, die der Mythenbildung fähig sind, gibt es noch heute; es sind solche, bei denen das Glauben (im Sinne des Fürwahrhaltens) und das Wissen (im Sinne des beweiskräftig Ermittelten) nicht gesondert sind. Da, wo man kein Interesse am Beweise hat, weil für die einfachen Verkehrs- und Lebensformen die Mitteilung ausreicht und Lüge keinen Nutzen bringt, geschehen noch täglich Wunder, und Wundertäter schaffen Religionen. Die Loslösung des bewiesenen vom unbewiesenen Glauben, die Trennung von Glauben und Wissen hat den Geist des Abendlandes geschaffen, und von dieser Schöpfung haben die Glaubensträger keine Notiz genommen.

Es ist nun nicht gemeint, dass sie Mythen und Sagen hätten rationalisieren oder in verstandesbürgerlicher Weise ins Symbolische hätten umbiegen sollen: das wäre klein gewesen und hätte der Lehre der Jahrhunderte nicht entsprochen. Die Lehre, die den gewaltigen Tatsachen einer gewandelten Menschheit und eines zeitlosen Glaubens entsprang, war die, dass es beim Glauben nicht auf das Was, sondern auf das Wie ankommt, dass der Glaube nicht von seinen Gegenständen, sondern von seinem Geiste lebt, dass er nicht ein Verwalten, sondern ein Verhalten ist.

Die vierte Hemmung ist die des sozialen Gefühls. Alle abendländischen Religionen haben sich, dem europäischen Drang zu Ordnung und Aufbau folgend, an die Mechanisierungsform der Kirche gebunden. Diese uralte Bindung ist so tief ins Bewusstsein der Völker gedrungen, dass selbst die Gebildeten, und unter ihnen selbst die, welche gläubig aber nicht kirchlich sind, Religion und religiöse Organisation kaum zu trennen vermögen.

Gleichviel in welchem Geiste Kirchen entstanden: ihre vornehmste gegenwärtige Aufgabe ist der zeitliche und räumliche Schutz ihrer Konfessionsgehalte, der Schutz gegen zeitliche Wandlung und räumliche Zersplitterung. Beide Aufgaben sind innerlich paradox, beide fordern entschiedenen Konservatismus und starken hierarchischen Aufbau. Da überdies alle Kirchen mit gutem Recht auf Scheidung zwischen esoterischer und exoterischer Lehre verzichten, haben sie Einstellungen zu suchen und festzuhalten, die das Fassungsvermögen der religiös und geistig Minderbegabten, ja Zurückgebliebene, nicht ausschließen, und diese Einstellungen werden umso einseitiger, je mehr von den geistig Höchststehenden der Kirche verlorengehen.

Am besten hat es noch die katholische Kirche, die von der philosophischen Arbeit der Jahrhunderte so durchdrungen, von der lebendigen Wirkung der Orden so genährt ist, dass ihr unendlicher Gehalt an Überlieferung ohne eigentliche esoterische Disziplin eine Mannigfaltigkeit der Symbolik und Ausdeutung schafft, die den anspruchsvolleren Geist beschäftigt, während eine tiefe Mystik der Lehre und eine unerhörte Abnegation der Regeln die Gemüter bändigt.

Bestände eine Unabhängigkeit des Glaubens von der Kirche, oder ein freier Parallelismus der Bewegung, wobei die Kirche einer selbständigen Entwicklung des Glaubens folgte, so wäre es jedem Bekenner freigestellt, wieweit er zum Geistigen, wieweit er zum Organistischen neigte. In Wahrheit aber greifen diese Verhältnisse ins Staatsleben über; die Kirche ist Staatskirche und ihre Bekennerschaft ein milder Zwang.

Kirche und Politik, das unfassbarste Paradox, und dennoch in den Begriffen der Kirchenpolitik und der Staatskirche zur scheinbaren Einheit verflochten. Die Gemeinschaft der Heiligen, deren Reich nicht von dieser Welt ist, streitet; organisiert sich als Körperschaft und streitet um Macht, Ausdehnung, Geld und Staatsgewalt. Die mechanisierte Glaubensform erscheint im Bilde einer Bürokratie, der geweihte Mensch wird Beamter.

Die antiken Priesterreligionen, die nicht Kirchen waren, konnten Staatsreligionen sein, ohne Selbstwiderspruch. Denn es bestand nicht der Begriff der religiösen Konkurrenz, zumal der geduldeten: man war gläubiger Grieche, oder man war verbrecherisch gottlos, oder man war Barbar. Ihr Widerspruch lag im Priestertum; umso milder, je urzeitlicher der Priesterstand; umso gefährlicher, je bewusster er sich zur Beamtenschaft oder zur Erwerbsklasse organisierte.

In einer Zeit des individuellen Gewissens und der konkurrierenden Bekenntnisse greifen die kirchlichen Bürokratien und Staatsreligionen weit über den geistigen Bezirk des Glaubens hinaus; sie erwachsen zu politischen und sozialen Mächten. Sie bemächtigen sich des Staates: und er gewährt ihnen, dass jeder Abtrünnige zum Bürger minderen Rechts werde, überantwortet ihnen die Erziehung und die bürgerliche Ehrenweihe der großen Lebensabschnitte: Geburt und Tod, Mannbarkeit und Ehe. Sie unterwerfen sich dem Staate und gewähren ihm Erziehung zum politisch Bestehenden, Stützung der Obrigkeit, des Klassenaufbaus, der staatlich anerkannten Denkweise.

Diese politisch-kirchliche Verbindung ist nicht nur von Mittelpunkt zu Mittelpunkt, von Staatsregierung zu Kirchenregiment verankert, sie kuppelt sich selbst in den entlegensten Gliedern, und die Beziehung von Gutsherrschaft und Pfarre, von Militärkommando und Seelsorge, von Schule und geistlicher Aufsicht, von städtischem Wohlstand und Kirchengemeinde versinnlicht die ins Große und Kleine gehende Wirkung einer feudalistisch, militaristisch, ständisch und offiziös gerichteten Kirchenmacht.

Eine gewaltige und ehrwürdige Institution, die sich auf die Exekutivgewalt des Staates stützt, die über die gesamte Jugend aus politischem Recht, über die Landbevölkerung aus praktischer Autorität, über die Frauen aus Gewissenseinfluss, über die Zugehörigkeit zur bürgerlichen Vollwertigkeit schlechthin verfügt, bildet eine Macht, die jede mögliche soziale Polizei an richtunggebender Kraft übertrifft, und der sich niemand entziehen kann, sofern er nicht die Stellung des bürgerlichen Subjekts mit der des Objekts zu vertauschen geneigt ist.

Indem aber die Kirche ihrem Bekenner als selbstherrlich gestaltende Macht aus eigenem Recht entgegentritt, nicht mehr als gestaltete Verwirklichung seines eigenen religiösen Willens, setzt sie ihm ein unantastbares Bekenntnis entgegen, das sie ihrer konservativen Pflicht gemäß gegen Zweifel und Deutung verteidigt, und dessen laute oder stillschweigende Anerkennung sie erzwingt. Aus politischen und traditionellen Gründen, sei es um den Eintritt in die Kirchengemeinschaft zu erschweren, sei es um die Disziplin zu schärfen, sei es um die Lehre für die unteren Schichten bindender zu machen oder auch nur um Erschlaffung und Spaltung zu verhüten, wird das Bekenntnis so gestaltet, dass es freieren Geistern vielfach nur in der Vermittlung gewaltsamer Deutung oder gewagter Symbolik annehmbar erscheint.

Je restloser daher sich die Geister der bürgerlichen, gesellschaftlichen und politischen Nötigung der Kirche und ihres Dogmas unterwerfen, desto mehr gewöhnen sie sich an innere Entfremdung und bemühen sich, in Einrichtungen und Inhalten Konventionen zu sehen, die man aus Gründen der Erziehung und Ordnung nicht entbehren kann.

Es ist viel, wenn hinter diesen Konventionen die großen religiösen Wahrheiten erblickt und geehrt werden, denen sie dereinst entsprangen; zu häufig geschieht es, dass die Entfremdung sich auf den Glauben selbst erstreckt. Man klagt über das Schwinden der kirchlichen Beziehung bei gebildeten Männern jugendlichen Alters: nicht die Beziehung schwindet, denn abgesehen vom Gottesdienst werden die Pflichten erfüllt, sind Austritte selten - doch je strenger die Kirche auf ihren Rechten und Beziehungen besteht, desto unaufhaltsamer entgleiten ihr die Seelen, und nicht nur ihr, sondern dem Glauben.

Dass alle diese einfachen Zusammenhänge sich dem öffentlichen Denken entziehen, liegt daran, dass wir in Deutschland nur noch historisch und wissenschaftlich, nicht mehr sachlich und pragmatisch denken. Es fehlen uns die Vergleiche und die Anschauungen. Man frage, wie vielen der Gebildeten die Verschiedenheit der Begriffe Religion und Kirche innerlich geläufig ist, wie viele über die ursprünglichsten Fragen sich eigene Gedanken machen. Unser Denken liegt in den Händen der beamteten Lehrer der Wissenschaft, die mit dem Rüstzeug ihrer Gelehrsamkeit und immer erneuten Theorien das Bestehende stützen, der Journalisten, die das Tägliche bearbeiten, und der Agitatoren, die mit Schlagworten das Bestehende bekämpfen. Hier heißt es: dem Volke muss der Glaube erhalten werden, dort: Trennung von Staat und Kirche, und das Problem liegt ganz woanders.

Wir, Freunde, haben es in dieser unserer Betrachtung nicht mit Politik und Einrichtungen zu tun, sondern mit unserer inneren Einstellung zum Gegenwärtigen und Künftigen. So muss der letzte Glaubenszweifel, der aus dem Wirklichen erwächst, uns abermals den Glauben an den Glauben als an ein Unberührbares bekräftigen. Mag der Glaube in Zukunft sich Formen schaffen, welche er will: politische und soziale, militärische und erzieherische werden es nicht sein. Der Glaube wird unsere Seelen läutern und die Seelen unserer Kinder bilden, aber Mittel zum Zweck, weder zum edlen, noch zum geringen, wird er nicht werden. Kann ein Glaube sich nicht halten, sofern er nicht vom Staat verordnet wird, kann ein Staat sich nicht halten, sofern er nicht von einer Kirche verteidigt wird, so werden beide dahinsinken. Denn beide sind Mächte, die in einer befreiten Menschheit nur aus eigenem Recht bestehen können. Sind Glaubensformen durch die Jahrhunderte nicht starr zu erhalten: umso besser, so mögen sie sich wandeln, wie alle irdischen Formen sich gewandelt haben, wenn nur ihr Urgrund bestehen bleibt. Lässt sich die Einheit des Bekenntnisses für die Vielfalt der Herkunft, der Landesstriche, der Freiheitsstufen nicht bewahren: so mag es zersplittern, wenn nur die menschliche Gemeinschaft des gläubigen Lebens erwacht, die heute nicht besteht. Mögen hier Ablässe erteilt und Dämonen beschworen, mögen dort die reinsten Sakramente empfangen und die verklärtesten Botschaften verkündet werden: es ist alles vollkommen, was aus reinem Herzen geschieht, und es ist alles unvollkommen, weil es irdisches Gleichnis ist. Mögen Gläubige sich zusammenfinden, um den Drang ihres Herzens gemeinsam zu bekennen, oder mögen sie in Straßenlärm und Wälder flüchten, um mit ihrer Seele allein zu sein, mögen sie auf Märkten predigen oder Priester walten lassen, mögen sie geistliche Truppen oder Beamtenschaften bilden oder sich in mystische Betrachtung versenken: die göttlichen Mächte hören jedes Wort des Herzens und jeden fallenden Tropfen. Ein Glaube aber, der nicht wunschbegieriger Aberglaube, nicht böse Magie, nicht schlauer Wettbewerb, nicht Heilsgymnastik und zweckdienliche Übung ist, ein Glaube, der nicht Irdisches vom Göttlichen, sondern Göttliches vom Irdischen will, der umschließt die Menschheit zu einer einzigen Gemeinde, so dass ein jeder einen jeden begreift, welche Sprache auch immer des Mundes und Herzens er redet, und alle die Eine Verantwortung fühlen und ertragen, die unsagbare Not, Seligkeit und Verantwortung, Mensch zu sein.

Es sind manche, die keinen neuen Glauben wollen, weil sie seine Ausartung erblicken. Ja es ist wahr: neben jedem Halm des Glaubens wird ein Büschel abergläubischen und muckerischen Unkrauts wuchern. Es ist wahr: sein Gift ist widerlicher als das des Unglaubens; wie ehrenhaft und mutig ist der nüchterne, handfeste Atheist, verglichen mit dem süßlich feigen Mucker, dem lüsternen Geisterbeschwörer, dem schamlosen Sündenknecht und dem fleißigen Gottesbetrüger. Sollen wir aus Furcht vor dem Sekundären verzagen? Wer einen Flusslauf reinigt, darf sich nicht wundern, wenn der Bagger Schlamm emporgeholt hat; liegen die Gifte der Muckerei in der Menschheit, so sollen sie zutage, mag Sonne und Wind zerstören, was in den Tiefen gärte.

Es sind andere, die schaffen Glaubensersatz. Sie vertiefen sich in alte Götterlehren und Sagen und Gebräuche und meinen, auch wenn man nicht daran glaubt, so ist es schön und dient zur Erhebung, über ein Feuer zu springen oder die Sonne anzurufen. Es ist schön, aber nicht echt; es dient zur Erhebung, aber zur künstlichen, äußerlichen, flüchtigen und gespielten. Es schafft keine Weihung, sondern den Nachgeschmack eines heiteren Bildes und einer harmlosen Täuschung, die an die Grenze des Seichten und Kindischen rührt. Romantischer Hang zum Vergangenen ist Bekenntnis zur Unfruchtbarkeit im Künftigen. Die alten Sagen und Gebräuche waren schön, wie die alten Trachten und Geräte, weil sie aus der Natur kamen. Gepflogen aber wurden sie, nicht weil sie schön, sondern weil sie heilbringend waren. In der Bestimmung über Fluch und Segen wurde Erhebung, halb unbewusst vielleicht auch Schönheit empfunden. Antiquarische Belustigung auf ästhetischem Grunde schafft keine künstliche Naivität, sondern zerstört die Reste der natürlichen.

Manche träumen von neuen Propheten und Erweckern. Wie zur Zeit der Kathedralen soll ein einiger Glaube über die bewohnte Erde herrschen. Ästheten sehen den neuen Heilsbringer schon unter uns wandeln, halb eine dostojewskische, halb eine franziskanische Figur, Paulus, Augustinus und Luther haben an der literarischen Gestalt keinen Anteil. Vor allem muss er arm sein und der untersten Schicht des Volkes entstammen. Freilich, setzt der winselnde Ästhet hinzu, er selbst würde ihm schwerlich folgen können.

Freilich wird er ihm nicht folgen. Niemand wird ihm folgen, und deshalb wird der Prophet nicht kommen. Goethe ließ Christus zur Erde zurückkehren und geleitete ihn bis an die Tür des Pfarrhauses, dann brach er das Gedicht ab, denn es widerstrebte ihm der Konflikt. Hauptmann ließ seinen Narren in Christo mit staatlichen und kirchlichen Behörden zusammenstoßen und in Einsamkeit enden.

Propheten werden uns nicht gegeben, weil unsere Zeit die Ehrfurcht vor dem Gedanken verloren hat. Das Wort und der Gedanke ist uns nicht mehr eine Flamme, die aus dem Herzen bricht, sondern die gewerbliche Leistung eines Berufes oder die vergnügliche eines Müßiggangs. Worte sind nicht Bekenntnisse, die man glaubt, sondern Geistesproben, die man kostet und mäkelt. Die Meinungen müssen sich ablösen wie die Tagesblätter und die Moden, damit neuer Umsatz Platz findet. Wie sollte auch das Massenhafte wahr sein? Es wird mehr geredet um des Widerspruchs als um des Glaubens willen. Käme heute einer und redete aus dem Herzen der Welt, so hätte er die Presse gegen sich, oder die Literatur, oder die Interessenten, oder die Polizei, oder die Professoren, oder die Pfarrer, oder das Publikum, oder alle miteinander. Und wer folgte ihm? Ein paar Geistlinge, die ihn aus Gegennachahmung ästhetisch werten, ein paar Unzufriedene, und ein paar Bürger aus Missverständnis.

Das Gute, das noch heute in die Welt kommt, kann den Stromsturz der Prophetie nicht erleben, es rieselt unterirdisch zu Tal und darf nur mittelbar wirken. Es wirkt, weil es weiterrinnt und sich mit tausend anderen Rinnsalen mengt, während die Platzregen verdunsten. Die Reihe der Empfangenden ist keine räumliche, sondern eine zeitliche. Das Volk der Gleichzeitigen irrt, das Volk der Geschlechter ist unfehlbar.

Warum ich euch das sage, da ich doch von euch gehört sein will? Weil ich kein Prophet und kein Weiser bin, weil ich euch nichts zu lehren und nichts zu verkünden habe. Ich will, dass wir unsere Sorge und Zuversicht gemeinsam erörtern, mein Geschlecht mit dem euren, wie eures dereinst mit dem nächsten. Wir wollen gemeinsam zweifeln und glauben, uns zurechtweisen und bestärken. Denn wenn wir aus der Offenbarungslosigkeit unserer Zeit eine Lehre entnehmen sollen, so ist es die: wenn die höhere Stimme schweigt, so ist die Entscheidung in uns selbst gelegt. Unsere Verantwortung wächst, in uns selbst sollen wir Richtkräfte entwickeln, und können es nur, wenn wir den Lärm in unseren Herzen schweigen machen und nicht mehr aufhören, in die Tiefe und zu den Sternen zu lauschen.

Was nennen wir Einheit des Glaubens? Einheit der Glaubensinhalte, der Einrichtungen und Formeln. Glaube ist aber nicht wie das Wissen etwas, das sich auf Gegenstände bezieht, ein leerer Spiegel, in dem das wechselnde Bild den Inhalt ausmacht, er ist nicht wie das Können etwas, das sich in Formen verwirklicht, er ist ein Verhalten, ein Zustand, ein Leben. Einheit des Glaubens ist daher nicht, wie die Jahrhunderte meinen, Einheit der gläubigen Vorstellung, sondern Einheit gläubigen Daseins. Alle wahrhafte Verschiedenheit des Glaubens liegt nur in der Mannigfaltigkeit der Stufenfolge vom furchterfüllten Zauberwesen zur Segen kaufenden Dämonie, von rechnender Ritenpolitik zu zweckhafter Bitte, von wohlgefälliger Buße zu freiem transzendentem Erleben. Diese Abstufungen aber bestehen innerhalb aller vorhandenen Glaubensformen; jede Religion lässt so viel Aberglauben und so viel Freiheit zu, als jeder ihrer Bekenner verlangt und erträgt. Eine hochstehende und gläubige Epoche unterscheidet sich von der rückläufigen und ungläubigen nicht so sehr durch die Form der herrschenden Bekenntnisse als durch den Geist, den sie ihnen einhaucht.

Dass die Daseinsform des Glaubens über jede andere menschliche Daseinsform erhoben ist, bedarf keiner Begründung, sie ist es aus eigenem Recht. Es gibt ein inneres Gefühl der Einschätzung unserer Erlebnisse, um das sich die Psychologie nicht kümmert, einer Einschätzung, die nicht vom Messbaren abhängt, sondern das Wesen ergreift. So gut wir wissen, dass eine Liebesregung uns mehr bedeutet als der seltenste Duft einer Blüte, so wissen wir aus innerer Gewissheit, dass jedes seelische Erlebnis auf höherer Ebene herrscht als jedes geistige und sinnliche Erlebnis. Das vollkommenste Erlebnis unserer Seele aber ist der Glaube.

Nicht jeder hat daran teil. Nicht jedes Ohr vernimmt Musik, nicht jedes Herz erlebt Gläubigkeit. Dessen soll sich niemand kränken, denn es geht keine Seele verloren. Wem der Glaube versagt ist, der mag mutig und resolut als überzeugter Materialist ein anständig-intellektualistisches Leben wählen; tausendmal besser als wenn er aus erquälter Pflicht oder der Nützlichkeitsspekulation *"nützt es nicht, so schadet es nicht"* sein inneres Leben vergewaltigt oder Götzendienst treibt. Es wird der Augenblick kommen, wo er lernt, dem aufgeregten Verstande Schweigen zu gebieten und sich hinzugeben, dann ist er gewandelt, bis dahin wird er in der Welt der unsichtbaren Güter ein Helfender, nicht ein Schaffender sein.

Das Wort, Glaube sei das Gefühl schlechthinniger Abhängigkeit, trifft zu, aber umfasst nicht. Denn Glaube ist auch das Gefühl schaffender Liebe, auch das Gefühl der Teilhaberschaft und Mitverantwortung. Er ist zugleich vollkommene Gebundenheit und vollkommene Freiheit, selbstvergessene Demut und stolze Sicherheit, reines Schenken und stilles Empfangen, unablässiges Werben und Schaffen und klarste Ruhe. Er ist ein Leben: ein Leben der Bezogenheit auf den Urgrund, gleichviel nach welcher Anschauungsform man ihn zu benennen versucht, als Unendlichkeit, Absolutes, Gesetz, Macht, Liebe.

Dieses Leben ist so unendlich mannigfach, wie das Tagesleben, das es begleitet und erleuchtet, wenn auch die Augenblicke voller Bewusstheit so kurz sind wie die Augenblicke bewussten Lebens.

Eure jungen Gemüter, Freunde, rufe ich zum Zeugnis für die Erfüllungen des inneren Lebens. Euch, nicht mir, steht es zu, die Fülle zu bekennen, die euch reicher und wechselvoller und unberührter als mir gespendet ist. Unter euch sind die, denen das Herz zerschmilzt in Dank und Hingabe, in hellblickender Gewissheit und klopfender Erwartung. Sie wollen nichts anderes als bereit sein, sich verschenken, Werkzeug sein, dienen. Sie wollen nicht ihre Freuden, nicht ihre Leiden, nicht ihre Wünsche, nicht ihre Ängste; Strahlen und Schwerter mögen durch sie hindurchgehen, sie sind nichts als ein Teil der Schöpfung, der sein Bewusstsein darbringt, ein Ätherhauch, durch den das Seiende sich selbst verklärt. Sie verwehen in Sonne, Wasser und Wind, sie schmiegen sich als Staubkorn an den Sternensaum, an die Brust der Allmacht und ihr Wort ist: dein Wille geschehe und nicht mein Wille.

Unter euch sind die, welche sich erbarmen. Ihre Liebe saugt alles Leid der Kreatur in das eigene Herz, löst jede Freudenkraft von sich los, um den Schmerzensbrand der Welt zu lindern; die Unvollkommenheit des Geschaffenen fühlen sie als eigene Sünde, alle Schuld als eigene Verantwortung. Sie stürmen zum Thron der Gerechtigkeit, um sich als Opfer darzubringen, sie ergreifen die Verheißung, um sie in tätiger Liebesglut der Welt einzuschmieden. Sie sind die lebendigen Boten zwischen Welt und Überwelt, ihr Wort ist: erlöse uns.

Unter euch sind die, welche danken. Überwältigt sind sie von der Schönheitsgewalt des Seins. In ihnen sprießt das Gras, klingen die Brunnen, sausen die Gestirne. Im Strom der Schöpfung ist selige Sicherheit. Das Furchtbare ist göttlich, und das Entsetzliche ist heilig. Im Anblick des höchsten Gesetzes entsinkt die Überpracht des Geschaffenen vor dem Wort: ich frage nicht nach Himmel und Erde, ob mir Leib und Seele verschmachtet, wenn ich dich nur habe.

Unter euch sind die, welche sich versenken. Im unermesslichen Schweigen, in der Dunkelglut des Abgrundes beginnen die Ströme zu rauschen, Bergmassen entweichen, das Eins stürzt ins All, das lichte All ins Eine. Die Welt ist nicht, nicht Himmel und Hölle, nicht Gut und Böse, nicht Glück und Leiden. Sein und Nichtsein umschlingt sich, ursprungloses Licht, wortlose Erfüllung.

Ihr wisst, dass von diesem Leben auch nicht das Kleinste erzwungen werden kann. Drängender Wille, bohrender Verstand, Versprechung und Beschwörung sind vergebens. Wie wollte jemand mit eigenmächtiger Gewalt in den innersten Punkt seines Wesens dringen? Und wenn er alle seine Geistesmächte in Bewegung setzte, mit kluger Einsicht jede nötige Wandlung zu erbitten suchte, es wäre ein Spiel des Verstandes und darum eitel. Die Mächte wollen nichts von uns, nicht Weihrauch, Huldigung, nicht Bemühung; doch sind sie allezeit gewärtig, ihr Strom umrauscht uns unerfasst, wenn wir uns verschließen, er durchdringt uns, wenn wir uns ergeben. Nicht widerstreben ist das Einzige, das uns freisteht, Hingabe, Schweigen, bona voluntas. So gewinnt denn das Sinnbild sein Recht, dass alles Heil aus Gnade kommt, und dass niemand sich selbst erlöst. Jeder aber vermag jeden zum Heil zu führen, mit schwachen oder mit starken Kräften, das ist das Geheimnis menschlicher Solidarität. Auch die Sünde lässt sich begreifen als der Inbegriff der alten Bezirke, die unser Geschlecht auf langem Wege durchlaufen hat, und das schwere, zur Erde ziehende, schuldhaft scheinende Bewusstsein ist der Gefühlston der Geister, die sich schmerzlich vom Vergangenen losreißen, um erwachend dem kommenden Reich entgegenzuschreiten. Für dieses Reich aber, das das Reich der Seele ist, lässt sich kein schöneres Bild finden als das vom Reiche des Himmels, und wenn gesagt ist, dass die Armen am Geiste es betreten, so verstehen wir das Gleichnis, wenn wir der Armut des Intellekts den Reichtum der Seelenkräfte gegenüberstellen.

Alle reinen Glaubensformen sind Projektionen des Unaussprechlichen auf die wechselnden Flächen des örtlichen und zeitlichen Vorstellungs- und Fassungsvermögens. Sollten wir wünschen, oder auch nur denken können, dass eine Symbolik und Ausdrucksform die herrschende werde und die übrigen vertilgt oder knechte? Wenn wir begreifen, dass Glauben ein Leben und nicht einen Vorstellungskomplex bedeutet, so können wir in dem Schritt der Welt zur Gläubigkeit nicht die Neuordnung und Uniformierung gegebener Vorstellungsreihen erblicken, sondern die Vergeistigung, die fortgesetzte, innere Wandlung einer jeden Glaubensform vom Fetischismus, Eudämonismus und Ritualismus zur Transzendenz.

Und wenn auf diesem Wege die Symbolismen und Mechanisierungsformen sich weiterhin zersplittern, so soll es uns nicht anfechten. Im Versiegen der Wundertat und der berufenen Offenbarung liegt nicht zornige Abwendung des Göttlichen, sondern die Mündigkeitserklärung der Menschheit. Nun ist sich jeder seiner Glaubenspflicht und innerhalb dieser Pflicht seiner Glaubensfreiheit bewusst, nun wissen wir, dass nicht Lernen, Wissen, Fürwahrhalten, Denken und Handeln uns selig macht, sondern der gute Wille, Erleuchtung und inneres Leben. Und wie die Mannigfaltigkeit alles Menschlichen im Guten das tröstlichste Geschenk der Schöpfung an unseren Glauben ist, so ist die Mannigfaltigkeit des Glaubens die dankbare Erwiderung der menschlichen Geteiltheit an das Eine.

Freilich, in unserem armen Stande des vorstellungsbedürftigen Geistes scheint uns eine Erhebung leer, erlahmt allzu bald das Herz in seinem Schwung, wenn nicht ein leichtes Gerüst von Begriffen und Worten die Inhalte unseres Glaubenslebens stützt. Gestehen wir frei, was Menschen sonst in begreiflicher Verschämtheit nicht leicht berühren, dass jeder von uns halb unbewusst eine kleine Dogmatik, Mythologie und Heilslehre verschwiegen sich im Inneren geschaffen hat, bereit, sie im kalten Tageslicht zu verleugnen, in dunkler Stille geneigt, ihr zu lauschen. Warum verhüllen wir diese Dinge? Nicht weil sie kindlich, unsystematisch, unbeweisbar sind - denn wie viel von unseren Tagesmeinungen ist beweisbar? -, sondern weil wir den Spott vor uns selbst fürchten, weil wir die Überzeugung von der Größe, dem Ernst und der Pflicht des Glaubens verloren haben. Deshalb zertreten wir die leichten Blüten auf dem kindlichen Grunde des Gemüts, und schämen uns der Verwüstung, und bedecken sie mit Heimlichkeit. Lasst uns mutig und offenherzig sein, lasst uns diese bescheidenen Schöpfungen pflegen und unbelächelt mitteilen, ein Teil der Aufmerksamkeit, die wir alltäglichen Erlebnissen und wissenschaftlichen Feststellungen opfern, mag ihnen gegönnt sein. Denn in ihnen vollzieht sich die stille Bewegung, das gestaltende Wachstum des Glaubens. Was Wissenschaften nicht vermochten, Kirchen versäumten, einsame Denker in langen Abständen mühsam unternahmen, das wird durch Volkskraft organisch sich bilden, sofern wir die blöde Scheu des Alltags verwinden.

Diese Scheu empfinde auch ich, obwohl ich in meinen Schriften auf Gedankenwegen bis an die Grenze des Glaubensbekenntnisses mich leiten ließ, heute überschreite ich sie, nicht in der Meinung, euch auch nur ein Wort zu sagen, das weiter trägt als eure eigenen Fühlungen, oder das in eurem Gedächtnis zu haften verdient, doch in dem Wunsche, von euch geprüft zu werden, wie ihr einander euch prüfen sollt, und in dem Pflichtbewusstsein, der eigenen Forderung nicht auszuweichen.

Ich glaube, dass unsere schwache Einsicht und unsere wenigen und zufälligen Sinne uns von der wahren Welt nicht viel mehr offenbaren als dem Geschöpf, das zwischen Stamm und Borke eines Baumes lebt. So hat Spinoza gelehrt, dass von den unendlichen Attributen des Seienden uns zwei nur erkennbar sind: Räumlichkeit und Bewusstsein.

Ich glaube, dass die sinnliche Welt das Buch ist, aus dem wir Bilder und Gleichnisse der Betrachtung schöpfen, und der

Kampfplatz, auf dem unser Wille die Laufbahn von der Kindlichkeit der Begierde bis zur reifenden Einkehr durchmisst.

Ich glaube, dass der Geist unendliche Stufen durchläuft, von undenklicher Zersplitterung bis zum Geist des Ätheratoms, vom Geist des Minerals, der organischen Substanz, der Zelle, der Pflanze und des Tieres bis zum Geist des Menschen, und abermals in undenkbarer Folge aufwärts. Diese Welt der Geister ist die wahre Welt, von ihren Gesetzen wissen wir wenig, doch die wunderbare Vielfalt des Gesetzmäßigen fügt es, dass unter unseren Augen geistige Gebilde mit eigenem Bewusstsein entstehen, Zellenstaaten, Ameisenhaufen, Bienenschwärme, Menschenstädte und Menschennationen.

Jede Geistesstufe bildet sich eine Erscheinungswelt aus dem, was sie zu fassen vermag; die Welt, die der Granit begreift, ist eine andere als die der Zelle, die menschliche, von Geist und Sinnen erschaffene Welt ist eine andere als die des Regenwurmes.

Die Geistesformen, die hinter uns liegen, gipfeln in einem einzigen Willen: zur Selbsterhaltung und Arterhaltung. Dieser Wille hat sich ein stets verfeinertes Werkzeug geschaffen, das wir auf menschlicher Stufe Intellekt nennen; der grobe, unmittelbare Wille zur Erhaltung aber hat sich zugespitzt zum mittelbaren Willen; dessen Gegenstand nennen wir Zweck.

Intellekt und Zweck beherrschen die ganze organische Stufenfolge bis zum Menschentum, vom Geist der Alge bis zum Geist des Staatsmannes sind sie nur gradweise verschieden.

Der Mensch aber ist ein Geschöpf der Grenze. In ihm endet die zweckhaft-intellektuelle Geistesform und entsteht eine höhere. Im Menschen erwachen Gefühlsreihen, die nicht mehr der Erhaltung dienen, ja ihr entgegenwirken können. Ideen und Ideale, Liebe zum Nächsten, zur Menschheit, zur Schöpfung, zum Überweltlichen erfüllen das Leben des Menschen und sind zweckfrei, sie dienen uns nicht, sondern wir dienen ihnen und sind bereit, für sie uns zu opfern.

Hier beginnt das nächsthöhere Geistesreich, das Reich der Seele. Seiner sind wir nicht stärker teilhaftig, als etwa die Zelle des intellektualen Reiches teilhaftig ist. In diesem Reich und seiner Anschauungswelt sind wir unmündige, stammelnde Kinder. Deshalb können wir seine Welt, die nicht mehr die Welt der raumzeitlichen Vorstellungen und Begriffe ist, nur ahnen, nicht erfassen.

Von dieser Grenze aus scheidet sich alles Seiende. Die durchlaufenden Welten erscheinen als die Weltseite der Schöpfung, was ihnen angehört, wird im Sinne der Einsicht zum Unwesentlichen, im Sinne der Ethik zur Sünde. Der Gottseite der Schöpfung, dem Kommenden, das uns als Vollendung erscheint, und das der Beginn neuer unendlicher Stufenfolge ist, streben wir entgegen, und es steht bei uns, wieweit wir in uns und um uns das kommende Reich schon im irdischen Dasein verwirklichen.

Dies ist die Sendung des Menschengeschlechts: die mittlere Reihe der Schöpfung zu vollenden und die höhere Reihe der Welten zu beginnen, und dies ist seine Verantwortung: aus niederem Geist göttlichen Geist zu verklären. Erlösung aber bedeutet, dass diese Verklärung aus eigener Kraft nicht möglich ist, dass dem guten Willen die rettende Kraft zu Hilfe kommt.

Guter Wille, Vertrauen und Liebe öffnen unsere Herzen den göttlichen Strahlen, die uns allerwärts umfließen, und helfen die Herzen unserer Brüder öffnen. Hierin ist alle Glaubens- und Sittenlehre beschlossen; es gibt kein Tun und Vollbringen, das selig macht, selig macht nur die Gesinnung. Es gibt kein sittliches Handeln, sondern einen sittlichen Zustand, der unrechtes Handeln ausschließt. Es gibt keine absoluten Werte außer jenen dreien, die uns dem Reich der Seele entgegenführen, alle anderen irdischen Güter sind bestenfalls Mittel.

Ich glaube, dass im vollendeten Reich der Seele alle Erscheinungen und Kategorien der intellektualen Welt beendet sind, mit ihnen die kämpfende Individualität, die Vergänglichkeit und die intellektuale Einsicht. Hier liegt die Grenze unserer Sprache und Vorstellungskraft. Es versagen alle Symbole.

Nur ein geringes und unvollkommenes Bild möchte ich andeuten, um eine Abstufung zu versinnlichen, die vom raumzeitlichen Erkennen hinweg die Richtung zu einer unmittelbaren, adäquaten Einsicht ahnen lässt. Man lehrt uns die Geschichte eines Landes, und wir gewinnen ein zeitliches Bild. Es geschieht, dass wir später dieses Land durchstreifen, es reiht sich Erlebnis an Erlebnis, Ort an Ort, auf den Linien unserer Fahrt durchdringen wir das Gleichzeitige. In der Erinnerung aber verschmilzt alles, es entsteht in uns ein Bild, in dem das Räumlich-Zeitliche in eine untrennbare Einheit verwachsen ist, das wir mit allen inneren und äußeren Sinnen besitzen. Wir wissen mehr als wir gesehen und erfahren haben. Unser Geist hält uns eine eigene Schöpfung vor Augen, und wohin wir ihn konzentrieren, glauben wir wahrzunehmen, was ist und was war, was sein kann und was nicht sein kann, fast möchten wir sagen, was werden wird. Und dennoch dies alles nicht an der doppelten Schnur von Raum und Zeit, sondern innerlich, gefühlt, organisch.

Ich glaube, dass mein einfaches Bekenntnis nichts enthält, was nicht in höchster Vollkommenheit in den heiligen Schriften aller Zeiten verkündet ist. Was wir in uns zu schaffen glauben, wird stets die einseitige, dunkle Spiegelung der nie zu erfassenden Wahrheit sein. Doch die Mannigfaltigkeit der Spiegelungen in der Vielzahl der Seelen gibt uns die Vielseitigkeit des Erlebnisses, deren wir bedürfen, und die Wiederkehr der großen Züge gibt uns die Gewissheit einer abgebildeten Wahrheit. Unser Glaubensleben aber wird neu und lebendig, wenn nicht tote Schriften und verbriefte Ordnungen das Wort verwalten, sondern wenn es von Neuem beginnt, in allen Herzen zu zeugen und zu keimen.

Für unser weltliches Leben entnehmen wir dem Glauben und dem Wort die Werte und die Maße. Nennen wir es das Reich des Himmels, das Reich Gottes oder das Reich der Seele: was uns ihm nähert, ist gut, was uns entfernt, ist schlecht. Glück, Leben, Wohlstand, Macht, Kultur, Heimat, Nation, Menschheit, sind die höchsten irdischen Werte. Wohl dem, der keinen von ihnen zu opfern braucht, für den sie Mittel zum Göttlichen bleiben. Wir aber werden sie messen an den Maßen der Seele, des Glaubens und der Gerechtigkeit, und wo sie das Maß nicht erfüllen, da müssen sie sich fügen oder weichen.

* * *

Krieg

In dieser Betrachtung, die der Einstellung unserer Geister auf Gegenwärtiges und Künftiges gewidmet ist, hat der Krieg nicht bloß die Bedeutung des bewegenden Ereignisses, das die Zeiten scheidet, sondern auch des kritischen Ereignisses, das den Zustand, in dem das Abendland bisher gelebt hat, offenbart.

Es ist seltsam, wie wenig unsere Zeitgenossen begreifen, dass ein Zeitalter versunken ist und dass von dem Glanze jener Tage nichts wiederkehrt. So wie sie noch immer von Vierteljahr zu Vierteljahr das Ende des Kampfes voraussehen, so glauben sie und werden sie glauben, bis das neue Geschlecht sie ablöst, dass nach dem Frieden und einer kurzen Übergangszeit das wieder eintritt, was sie normale Verhältnisse nennen. Freilich werden die Schulden ein Kopfzerbrechen machen; so mag man eine Zeitlang sparsamer leben, und alles wird sich finden.

Nichts wird sich finden, alles muss neu geschaffen werden in eiserner Arbeit. Neu wird unsere Lebensweise, unsere Wirtschaft, unser Gesellschaftsbau und unsere Staatsform. Neu wird das Verhältnis der Staaten, der Weltverkehr und die Politik. Neu wird unsere Wissenschaft, ja selbst unsere Sprache.

Wem von euch ist es nicht in den Sinn gekommen, wenn er einen der frühen Schriftsteller der verflossenen Epoche las, etwa Stendhal oder Balzac, dass er sich fragte: Wie, ist das möglich? Dreißig Jahre vor dieser Zeit blühte das spielende Jahrhundert in seinem Perlmutterglanz, und diese Menschen in dunklen Kleidern reden in ihrer neuen Aktensprache der Wissenschaft von Industrie und Börse, von Dampfschiffen und Kammern, von bürgerlicher Gesellschaft und Militarismus, und wundern sich nicht über die Neuheit ihrer Welt, und wissen kaum, was vor ihnen war? Ist dann wirklich einmal die Rede von einem alten Edelmann, der in jener Tändelzeit jung war, so erscheint er wie ein Fossil, ein Abgestorbener, ein zopfiges Gespenst.

So fremd werdet ihr an uns vorüberschreiten. Wir, die wir uns auf Sachlichkeit manches zugutetaten, und wissenschaftlich, ernst, wo nicht gar tief zu sein wähnten: Wir werden euch trotz aller unserer Technik leichtfertig, flach, vorurteilsvoll, vielleicht auch roh vorkommen, und der negerhafte und pathetische Luxus, mit dem wir uns umgaben, wird euch nicht wie der des 18. Jahrhunderts eine Grazie, sondern ein Abscheu sein. Denn euer Leben wird abermals ernster und härter, doch so Gott will geistiger und reiner, und in seinen Freuden anmutiger sein.

Der Krieg ist es, der euch von uns scheidet. Wir werden ihn begreifen, wenn wir ihn als das kritische Ereignis fassen, das er ist, als den Ausbruch aller tiefen Übel und Schwächen der abgelaufenen Epoche. Denn jede Deutung als eines Missgeschickes, Missverständnisses, schuldhaft gewollten Frevels versagt. Schuld ist freilich in die örtlich-zeitliche Bestimmung des Geschehenen verstrickt, Schuld von allen Seiten. Doch wenn ein Erdteil sich jahrelang zerfleischt und so wenig wie am ersten Tage seine Gründe und Ziele kennt, so ist die geistige, sittliche und physische Erkrankung in den Tiefen seines organischen Aufbaus verwurzelt.

Die Krise, die wir erleben, ist die soziale Revolution. Der Grund, weshalb sie sich nicht im Inneren der Nationen, sondern an ihren Grenzen entzündet hat, liegt in der Eigenart unserer Wirtschaft, die zur Weltwirtschaft erwachsen ist, und die in ihren Auswirkungen, Imperialismus und Nationalismus, die explosivsten ihrer Konflikte an den Rändern der Staatseinheiten gehäuft hat. Die schwerer entzündlichen Sprengstoffe im Inneren der fester gefügten Staaten bleiben einstweilen unberührt, durch den Druck von den Grenzen her gebändigt.

Als unbändige Volksvermehrung vereint mit der Mechanisierung den individuellen Produktionsprozess vernichtete, wurde die Erde eine einzige gewaltige Produktionsstätte. Doch ihre nationale Spaltung blieb, und innerhalb der Nationen vertiefte sich die Spaltung der Stände. Wirtschaftlich betrachtet: eine große Fabrik, doch nicht einheitlich gebaut, sondern in den Wohnhäusern und Kammern eines Straßenvierecks untergebracht und unter den Hausparteien aufgeteilt. Die politische und die soziale Entwicklung hielt mit der wirtschaftlichen nicht Schritt. Das ging so lange, als sich die Erzeugung in mäßigen Grenzen hielt und der Nationalismus sich langsam entwickelte.

Als aber die Staaten, nationalistisch erstarkt, sich gezwungen sahen, eine energische Wohlstandspolitik zu treiben, um ihren wachsenden Aufwand für Zivilisation, Rüstung und Machtentfaltung zu bestreiten, als die Mechanisierung den Staatskörper ergriffen und ihn zum bewussten Wirtschaftssubjekt und Konkurrenten gemacht hatte, gab es Zwiespalt zwischen den Parteien.

Jeder wollte so viel Arbeit wie möglich, denn Arbeit bringt Nutzen. Um zu arbeiten, wollte er so viele Rohstoffe wie möglich, und um sie zu bezahlen, wollte er so viel Absatz wie möglich. Er wollte sogar noch mehr Absatz, als zur Bezahlung der Rohstoffe nötig war, denn die heimische Produktion sollte alle anderen überflügeln, und der Absatz im eigenen Lande ließ sich nicht beliebig steigern. Was er nicht wollte, waren fremde Fabrikate im eigenen Lande, denn die beeinträchtigen den Absatz, die Preise und den Nutzen.

Der Kampf ging also um Rohstoff und Absatz, politisch ausgedrückt um Kolonien und Einflussgebiete. Die Welt war aber klein geworden, die unbesetzten Gebiete knapp und von allen umworben.

In sein letztes Stadium trat der Kampf, als die äußerste Schlussfolgerung gezogen wurde: Schutzzoll. Der hatte bei den meisten überdies politische Gründe: Man wollte die Intensivwirtschaft des Bodens erhalten, um im Kriege Selbstversorger zu sein, und um den herrschenden Stand der Grundbesitzer gegen Bodenentwertung zu schützen. Gleichzeitig begann der Kunstgriff, den man drüben Dämpfen (dumping) nennt: Man warf dem Gegner die eigene Überschussware unter Selbstkosten über die Zollmauer und schädigte sein Schutzsystem.

Allmählich war auch der Nationalismus zum Gipfel gestiegen, denn die europäischen Unterschichten waren in die Historie getreten. Bis zum Beginn des 19. Jahrhunderts waren sie anational gewesen, Geschichte war nur von den herrschenden Kasten gemacht worden; jetzt waren sie verbürgerlicht, zivilisiert und interessiert, und gaben dem Wirtschaftskampf die nationale Färbung. Durch Staatenbildung, Staatenerstrebung und Irredentismus mehrten die neuen Nationalgefühle, insbesondere die östlichen, den politischen Sprengstoff.

Im Inneren der Staaten aber bestand die schroffe Scheidung der Stände. Das Proletariat, an der Tatsache des Produktionsprozesses interessiert, an seinem Verlauf nahezu unbeteiligt, war etwa in der Lage des Matrosen, dem das Schiff wichtig, die Ladung gleichgültig ist; es führte seinen Wirtschaftskampf, und zwang den Unternehmer, für jede Lohnerhöhung sich durch Zollerhöhung und gesteigerten Absatzdrang schadlos zu halten.

So verlief der imperial-nationalistische Wirtschaftskampf nach außen und innen vollkommen anarchisch. Wenigen war er in seinem logischen Zusammenhang bewusst; am wenigsten den Staatsmännern, die ihn führten. Klar war nur der Drang, den eigen-nationalen Einfluss zu heben, den fremden zu schädigen, den eigenen Absatz zu fördern, den fremden zurückzudrängen; so lückenhaft aber war der Zusammenhang, dass viele, unter ihnen Bismarck, am Werte des wichtigsten Kettengliedes, der Rohstoff-Kolonien, zweifelten. Bekannt waren auch die Kampfmittel; es waren Bündnisse, Zollverträge, Rüstungen zu Land und See, Einsprüche gegen fremden Erwerb, Einmengung in Konflikte. Was als Endzustand vorschwebte, ist schwer zu sagen: allenfalls eine etwas bessere Erdeinteilung, als man sie gerade hatte; meist war man auf den gelegentlichen Vorteil aus.

Niemand war sich auch recht darüber klar, wo ihn der Schuh drückte. England schob sein Missbehagen auf Mängel seiner technischen Erziehung und die Konkurrenz der Deutschen; Deutschland litt an seiner geographischen Lage und fand sich von Erwerbungen ausgeschlossen; Frankreich merkte, dass seine Industrie zurückging, und fand, dass das elsässische Textilgebiet ihm fehle; Amerika klagte über hohe Löhne und Finanzkrisen und griff zu Schutzzöllen. Nie wurde auch nur ein Versuch gemacht, die Anarchie in Ordnung zu verwandeln.

Die innere Anarchie: wenn die Außenwirtschaft ihre Grenzen hat, so muss die Innenwirtschaft ergiebiger, vor allem solidarischer gestaltet werden. Kräfte und Stoffe im Innern sinnlos vergeuden, um sie von außen unter Opfern wiederzugewinnen, ist keine gesunde Wirtschaft.

Die äußere Anarchie: wenn alle sich um die kargen Tröge des Absatzes und Rohstoffes streiten, so muss geteilt werden. Durch den Kampf wird das Futter nicht mehr, sondern weniger, denn es wird verdorben und zertreten.

Doch es fehlte nach außen die Einsicht, nach innen der Ansporn; trotz aller Reibungskämpfe schöpfte die Welt aus dem Vollen wie niemals zuvor und niemals wieder, und die leichte Bereicherung äußerte sich in Indolenz.

Anarchie der Wirtschaft und Gesellschaft ist die Grunderscheinung und Schuld des Vulkanismus, der unter der politischen Oberfläche des Abendlandes bebte und seine kritischen Zonen unter die Staatengrenzen breitete. Eine zweite Reihe von Erscheinungen, die politische Taktik der Großstaaten während der letzten vierzig Jahre, lockerte die Kruste, und eine dritte, fast nebensächliche und zufällige Reihe, die Ereignisse um 1914, bestimmten Zeit und Ort des Ausbruchs.

Auch an der zweiten Reihe der Schuld und Irrung sind alle Staaten beteiligt. Sind sie entschuldbar bei der ersten, so sind sie es auch bei der zweiten, denn die mangelnde Einsicht in die Grunderscheinung äußert sich in der Hilflosigkeit des politischen Handelns.

Die Schuld Frankreichs ist die tiefste, aber auch die menschlichste. Das Rheingold des Elsass ist nur das Sinnbild eines schwereren Verlustes. Unermesslich ist, was diese Nation in vergangenen Jahrhunderten Europa geschenkt hat. Sie trug die Zivilisation und einen Teil der Kultur des Kontinents vom Westfälischen Frieden bis zur Revolution und brachte die bürgerliche Freiheit. Sie konnte aber nach der Art ihrer Gaben nur schenken, solange sie mächtig war. Die Macht war verloren, sie gab uns die Schuld und spaltete in ihrer Leidenschaft Europa derart, dass jede politische Orientierung von den Vogesen ausgehen musste, und nur die Wahl blieb: für den einen oder den anderen. Damit war die Freiheit der europäischen Politik vernichtet.

Englands Schuld ist fast eine persönliche, ein seltsamer Zug in diesem so unpersönlichen Lande. Auch England hatte viel gegeben, noch mehr erworben, und manches verloren. Die Pax Britannica stand hinter der Pax Romana nicht zurück. Man mag streiten, ob es recht ist, dass ein Volk den dritten Teil der Erde besitzt; dieses Volk hat ihn besessen und mit wenigen Ausnahmen seiner großen Verantwortung entsprechend verwaltet. In seinen Kolonien und Herrschaften war jeder Fremde unbehelligt, häufig gut aufgenommen, ja gern gesehen, alle Häfen und Kohlenplätze standen offen. Das Land begnügte sich mit Freihandel, aus wohlverstandenem, aber von Kleinlichkeit freiem Interesse. Seine Politik war eigensüchtig, gewalttätig, aber klar erkennbar, weit mehr auf eigenen Nutzen als auf fremden Schaden gerichtet. Das änderte Eduard VII. Er war zu lange Kronprinz gewesen und hatte sich in den Jahren erzwungener Muße und verhohlener Kritik die alten intriganten Bündnismethoden der europäischen Höfe angeeignet; er trieb sie zum Gipfel, indem er die Vogesenspaltung ausnutzte und Deutschland isolierte. Wieweit die Sorge um die sinkende Wirtschaftskraft seines Landes, wieweit verwandtschaftliche Verfeindung ihn bestimmte, ist schwer zu sagen; er war kein dämonischer Charakter und wurde dennoch zum Dämon Europas.

Russland litt an den Schwächen orientalischer Reiche. Über sich selbst hinausgewachsen hatte es seinem tief angelegten, kindlich verträumten Volk zwar einige europäische Formen, doch keinen Wohlstand, keinen Mittelstand, keine Bildung, keine eigene Industriewirtschaft und keinen Verkehr erworben. Die Regierung wagte nicht, der unerfahrenen Nation die Verwaltung anzuvertrauen, daher blieb ihr nichts anderes übrig, als die dünne, verfeinerte und theoretisierende Intelligenz zu verfolgen, das Volk zu verblöden und sich selbst durch das verbrauchte Mittel der Expansion zu stärken. Der Balkanstreit mit Österreich, die Schuldhörigkeit zu Frankreich bestimmte seinen Weg. Es ist kein Zufall, dass nach Ausbruch des Brandes russische Staatsintrige die Pulverkammer aufschloss und die letzte Explosion auslöste.

Dass Deutschland bei seinem gegenwärtigen inneren und äußeren Aufbau nicht imstande ist, eine folgerichtige und langatmige auswärtige Politik zu führen, habe ich in vielen Schriften, zum Teil lange vor Beginn des Krieges, dargelegt. Es fehlen uns die Menschen und Einrichtungen, vor allem die Einheitlichkeit des Willens, der Initiative und Verantwortung, die organisch eingestellte Stetigkeit und Überlieferung. Diese Mängel sind nicht durch Personen und Ämter verschuldet, sondern durch uns selbst, die wir nicht unser Geschick selbst in die Hand nehmen, Männer unseres Vertrauens zur Ernennung vorschlagen, ihnen dann aber auch die Macht und volle Verantwortung gewähren; die wir vielmehr uns von einer kleinen, nicht übermäßig geschäftstüchtigen Kaste und deren Assimilanten verwalten lassen, die sich hilflos im bürokratisch-parlamentarischen Dickicht, im neunzigfachen Veto verstrickt und obendrein von unserem Misstrauen verfolgt wird.

Die Fehler kurzatmiger und unsteter Politik treten darin zutage, dass man sich in alles einmischt, für die Galerie arbeitet, alle anderen stört und nichts für sich erreicht. Es ist nicht gesagt, dass man niemanden stören und sich mit niemandem verfeinden darf, aber eines ist sicherlich falsch: wenn man alle stört und sich mit allen verfeindet. Wir haben Frankreich gestört in Marokko, England in Transvaal, Russland in Konstantinopel, Japan in Shimonoseki. Wir haben Gelegenheiten zu Verständigungen versäumt mit England, Russland, Japan, und - innerhalb gewisser Grenzen - mit Frankreich.

Nicht um unsere Fehler stärker zu betonen als die anderer, sondern deshalb, weil sie unsere Fehler sind und uns näher angehen als die anderer, müssen wir uns bereit finden, ein Unwägbares zu beobachten, das unsere Politik durch eine gleichsam atmosphärische Einwirkung geschädigt hat.

Es ist kaum einzuschätzen, wie stark die letzte Generation vom Einfluss Richard Wagners gebannt war, und zwar nicht so entscheidend von seiner Musik wie von der Gebärde seiner Figuren, ja seiner Vorstellungen. Vielleicht ist dies nicht ganz richtig: Vielleicht war umgekehrt die Wagnersche Gebärde der erfasste Widerhall - er war ein ebenso großer Hörer wie Töner - des

Zeitgefallens. Es ist leicht, eine Gebärde aufzurufen, schwer, sie zu benennen: sie war der Ausdruck einer Art von theatralisch-barbarischem Tugendpomp. Sie wirkt fort in Berliner Denkmälern und Bauten, in den Verkehrsformen und Kulten einzelner Kreise, und wird von vielen als eigentlich deutsch angesehen. Es ist immer jemand da, Lohengrin, Walther, Siegfried, Wotan, der alles kann und alles schlägt, die leidende Tugend erlöst, das Laster züchtigt und allgemeines Heil bringt, und zwar in einer weit ausholenden Pose, mit Fanfarenklängen, Beleuchtungseffekt und Tableau. Ein Widerschein dieses Opernwesens zeigte sich in der Politik, selbst in Wortbildungen wie Nibelungentreue. Man wünschte, dass jedes Mal von uns das erlösende Wort mit großer Geste gesprochen werde, man wünschte, historische Momente gestellt zu sehen, man wollte das Schwert klingen und die Standarten rauschen hören. Die ernste Zeit hat diesen Geschmack der älteren Generation gemäßigt. Unser ältlich-nüchterner Kanzler möge durch die Aussicht auf fünf Krönungszüge im Osten sich nicht bewegen lassen, ihn zu beleben.

Innerhalb einer ärmlichen, im Ziele nicht erkennbaren Außenpolitik wirkte diese Gebärde zuerst verblüffend, dann aufreizend und Misstrauen erregend. Es kam so weit, dass man uns, die gutgläubigste aller Nationen, für Schaumschläger und Intriganten hielt. Unser gewaltiger Machtaufstieg hätte uns verpflichten sollen, so viel wie möglich zu schweigen, so wenig wie möglich uns einzumischen.

In dieser zweiten Reihe von Erscheinungen, den politischen, die den vulkanischen Grund lockerten, sind abermals Fehler von allen Seiten inbegriffen, auch von der unseren. Doch eines können wir mit gutem Gewissen sagen: Eine subjektive Schuld liegt bei unserem Volke nicht. Es war unser Fehler, dass wir nicht wussten, was wir wollten; eines wollten wir sicher nicht: den Krieg.

Die dritte und weitaus nebensächliche Reihe, die der örtlich und zeitlich auslösenden Momente, haben wir nicht zu erörtern, denn uns ist es nicht um Zeitgeschichte, sondern um Zeitwesen zu tun. Erst in Jahren, vielleicht niemals, werden diese Wirrnisse sich klären, jedenfalls nicht früher, als bis die Einzelheiten der französisch-englischen Abmachungen und die Vorgänge des österreichisch-serbischen Ultimatums offen liegen.

Was uns betrifft, ist dies: Der Krieg, eine soziale Revolution, erzeugt durch äußere und innere wirtschaftliche Anarchie und soziale Spannung, beschleunigt durch die Fehler der Kabinette.

Und wenn von einer wahrhaften, tiefen Schuld der Nationen gesprochen werden soll, so ist es die der Unterlassung. Es fehlte der Welt an schöpferischen, sittlichen Gedanken. Jeder fühlte, dass die Erde in ein neues Stadium der Zivilisation getreten war, dass sie anfing, eng und gefährlich zu werden. Doch man scheute sich, die Gesetze dieser Umwälzung, der Mechanisierung, zu ergründen und um ihre sittliche Erlösung zu ringen. Große Nationen traten wiedergeboren und ermächtigt auf den Schauplatz der Geschichte; allein sie besannen sich nicht, dass sie gesandt und verantwortlich waren, der Welt Ideen und Ideale zu schenken. Auch wir haben nichts geschenkt und geopfert, obwohl unsere Nation sich verjüngt und erneut hatte; unsere Schuld ist schwer, denn wir Deutschen sind um der Idee willen da.

Nur den einen Gedanken hatten die Völker: wachsen und sich bereichern, aufsteigen und überflügeln, mächtig werden und erraffen. Und ihre Staatsmänner dienten diesen Zielen mit den alten Mitteln der List und Gewalt, mit den kleinen Mitteln der Heimlichkeit und Verständigung, der Begünstigung, Verlockung und Drohung, des Geldes und der Betriebsamkeit, mit den großen Mitteln der Rüstung zu Land und Meer. Jeder hoffte, der Klügere zu sein, unbemerkte Vorteile in merkliche zu verwandeln, den anderen kleinzukriegen, ohne dass er sich versah. Selbstverständlich schien: Mein Nutzen ist dein Schaden, mein Leben ist dein Tod. Warum sollte das, so meinte man, nicht in alle Zeit so weitergehen, da es doch immer gewesen war? Es konnte nicht weitergehen, denn alle Nationen waren zum Bewusstsein erwacht und kannten die armseligen Spielregeln, einer so gut wie der andere.

Daraus aber war gerade die höhere Pflicht zu entnehmen: Endet dies unergiebige und würdelose Spiel. Wetteifert; schafft sittliche Ideen, die allen dienen und niemand vernichten, schafft den universalen Gedanken der Solidarität, nicht durch lahme Schiedsgerichte und kraftlose Paragraphen, sondern durch lebendiges Zusammenwirken; tut das soziale Unrecht ab im Inneren und das barbarische im Völkerverkehr; wandelt die Anarchie in Ordnung; schafft dem Gedanken der Menschheit sein Recht, doch nicht in verblasenem Pazifismus und utopischer Duselei; beginnt da, wo die Gefahr am dringendsten, die Schwierigkeit am größten, die Arbeit am härtesten ist, beginnt mit der Wirtschaft. Und dann, wenn das Gröbste geleistet ist, steigt auf zum Kulturellen, zum Geistigen und Menschlichen.

Noch heute wird es viele geben, die im Glauben an die Heiligkeit der Interessen und in selbstbewusster Erkenntnis des sogenannten Durchführbaren - nämlich des Trivialen - und des sogenannten Uferlosen - nämlich der sittlichen Pflicht - diese Gedanken verlachen. Ich sage euch aber: Der kommende Friede wird ein kurzer Waffenstillstand sein, und die Zahl der kommenden Kriege unabsehbar, die besten Nationen werden hinsinken und die Welt wird verelenden, sofern nicht schon dieser Friedensschluss den Willen besiegelt zur Verwirklichung dieser Gedanken.

Ein Völkerbund ist recht und gut, Abrüstung und Schiedsgerichte sind möglich und verständig: doch alles bleibt wirkungslos, sofern nicht als erstes ein Wirtschaftsbund, eine Gemeinwirtschaft der Erde geschaffen wird. Darunter verstehe ich weder die Abschaffung der nationalen Wirtschaft, noch Freihandel, noch Zollbünde, sondern die Aufteilung und gemeinsame Verwaltung der internationalen Rohstoffe, die Aufteilung des internationalen Absatzes und der internationalen Finanzierung.

Ohne diese Verständigungen führen Völkerbund und Schiedsgerichte zur gesetzmäßigen Abschlachtung der Schwächeren auf dem korrekten Wege der Konkurrenz; ohne diese Verständigungen führt die bestehende Anarchie zum Gewaltkampf aller gegen alle.

Der Wirtschaftsbund aber ist so zu verstehen:

Über die Rohstoffe des internationalen Handelns verfügt ein zwischenstaatliches Syndikat. Sie werden allen Nationen zu gleichen Ursprungsbedingungen zur Verfügung gestellt, und zwar für den Anfang nach Maßgabe des bisherigen Verbrauchsverhältnisses. Späterhin wird das wirtschaftliche Wachstum der Einzelnen in Rechnung gezogen.

Die gleiche zwischenstaatliche Behörde regelt die Ausfuhr nach entsprechendem Schlüssel. Jeder Staat kann verlangen, dass die ihm zustehende Ausfuhrquote ihm abgenommen werde. Sie verringert sich entsprechend, sofern er die auf ihn entfallende Einfuhr ablehnt. Die Lieferungen der Staaten geschehen im gewohnten Verhältnis ihrer Gütergattungen. Freie Verständigungen über Abänderungen können getroffen werden, Quotenaustausch ist zulässig.

An internationalen Finanzierungen, die zu Lieferungen führen, kann jeder Staat Beteiligungen im Verhältnis seiner Ausfuhrquote verlangen.

Dies sind die grundsätzlichsten Bestimmungen, die vereinbart werden müssen, sofern nicht der stille Wirtschaftskrieg in seiner alten Form, oder aber, allen Abmachungen zum Trotz, der offene Wirtschaftskrieg in neuen ungeahnten Formen ausbrechen soll, der entweder zur Verarmung der nicht selbstversorgenden Staatsgruppen oder zu unaufhörlichen Kriegsgewittern führt.

Jahrzehnte werden vergehen, bis dieses System der internationalen Gemeinwirtschaft voll ausgebaut ist; weiterer Jahrzehnte, vielleicht Jahrhunderte bedarf es, um die zwischenstaatliche Anarchie durch eine freiwillig anerkannte oberste Behörde zu ersetzen, die nicht ein Schiedsgericht, sondern eine Wohlfahrtsbehörde sein muss, der als mächtigster aller Exekutiven die Handhabung der Wirtschaftsordnung zur Verfügung steht.

Pazifist im üblichen Sinne bin ich nicht, schon deshalb, weil ich es nicht für möglich halte, irgendein Übel restlos aus der Welt zu schaffen. Ich halte den Krieg für ein großes Übel, doch nicht für das größte, und könnte mir denken, dass noch in Jahrhunderten hier und da zwischen Völkerschaften gekämpft wird. Niemals wieder darf es aber geschehen, dass die ganze bevölkerte Erde dem Blutrausch verfällt. Kein Schlagwort ist so elend Lügen gestraft worden wie das von den sittlich und geistig regenerierenden Kräften des Krieges, wie das von der großen Zeit. Gewiss geschieht an allen Fronten Großes, und Größeres vielleicht da, wo in dunkler Stille die Herzen der Mütter bluten. Doch wer hat so frevelhaft am Wert der Menschheit gezweifelt, dass Mut und Opfer ihm des Beweises bedurften?

Kahle Täuschung ist es, zu tun, als ob Front und Heimat zwei verschiedene Nationen wären, die heldenhafte der Söhne, die anfechtbare der Väter. Wir alle sind eine Nation, wir haben einen Ruhm und eine Schuld. Jeder ist allen und jeder für alle verantwortlich. Unser Ruhm ist das mutige Erdulden und Leisten der Front, das stille Opfern und Entbehren der Heimat; unser aller Verantwortung ist es, dass das Gesetz Deutschlands seine Kraft verlor, dass die Sittlichkeit sank, dass der Geist verflachte. Überblicken wir alle Länder, die unmittelbar oder mittelbar vom Kriege ergriffen sind, so finden wir überall die gleiche Entsittlichung in den Formen der gierigen Bereicherung, der Korruption, des Schwindels, der Denunziation, der Spionage, der Bosheit und Lüge. Überall die gleiche Entgeistigung in den Formen der Phrase, der Trivialität, der Urteilslosigkeit, des Selbstlobes, des niederen Massengeschmacks. Diesen Krieg erträgt die Erde nicht zum zweiten Mal. Wenn sie ihn physisch überstände, so ginge sie seelisch zugrunde.

Doch was bedeutet der nächste Krieg, da der gegenwärtige dauert? Da in jeder Stunde, von Bruderhand erschlagen, Menschen, unsere Menschen, unsere Brüder ihr Leben verhauchen? Was ist aus uns geworden, dass wir das ertragen?

Wir wollen einen ehrenvollen Frieden, und wir werden ihn haben. Doch die Zeit ist gekommen, dass die Menschheit den Frevel nicht mehr ertragen darf, denn heute weiß sie, eingestanden oder nicht: Dies Schlachten kann noch Jahre, kann noch Jahrzehnte fortgehen und wird dennoch das Angesicht der Erde nicht ändern, außer durch Verwüstung.

Es ist Zeit. Die Großen und Mächtigen haben gesprochen und den Krieg verurteilt. Es ist nicht einer, der ihn verteidigt; doch sie wissen nicht, wie sie ihn beenden, sie glauben, dass ihre Forderungen zu weit auseinandergehen.

Es ist Zeit, dass die Niederen und Geringen ihre Stimme erheben und Zeugnis ablegen, denn was in Jahren geschehen muss, das kann auch heute sein. So wahr wir fest entschlossen sind, jeder für sein Land zu kämpfen und zu sterben, solange ein ehrenvoller Friede uns nicht gewährt wird, so wahr wir uns unverbrüchlich einordnen in die Gesetze unseres Staates und in die Gefolgschaft unserer Führer, so wahr ist es unsere menschliche und göttliche Pflicht, an jedem neuen Tage von Neuem die Hand auszustrecken und zu sagen: Brüder, lasst uns in Ehren und in Menschlichkeit uns finden. Wahrhaftig: Nicht der wird in Krieg und Frieden der Stärkere sein, der selbstgerecht und gekränkt die Versöhnung abweist, und nicht der wird, wenn es sein muss, sich schlechter schlagen, der sein Gewissen entlastet. Für die Unberührbarkeit und Ehre des Landes, für die Freiheit und den Lebensraum seiner Kinder zu streiten, ist Gottes Recht; wer um Ruhmsucht und Eroberung den Kampf will, über den kommt das Blut der Unschuldigen.

Die Großen haben gesprochen. Es ist Zeit, dass die Kleinen und Geringen reden, bevor die Steine und die Gräber ihren Mund auftun. Und da ich unter den Geringen ein Geringster bin, so will auch ich meine Stimme erheben, so schwach sie ist.

So schwach meine Stimme ist, es gibt Pforten, vor denen ein fallender Tropfen wie Erzklang dröhnt. Auch wenn keines dieser Blätter in das fremde Land gerät, so wird mein schwaches Menschenwort sich seinen Weg bahnen, denn die Sprache, die aus heißem Herzen kommt, bedarf keiner Laute, und wenn ihr Ruf auch nur einem Herzen begegnet, so wird er ein Hagelkorn des Hasses schmelzen. Dereinst aber wird sich die eisige Saat in Tau verwandeln.

Feinde, Menschen, Brüder, höret! Es ist genug.

Ihr und wir, wir alle sind mit Blindheit und Wahnsinn geschlagen. Im blinden Wahnsinn haben wir eine Welt zertrümmert.

Ihr und wir, wir haben nur einen Gedanken: leiden machen. Ihr und wir, wir jubeln, wenn Menschen brennend aus den Lüften stürzen, wenn Menschen in der See ersticken, wenn Menschen zerrissen und vergiftet sterben, wenn man sie in Gefangenschaft treibt. Wir lesen bei Mahlzeiten Dinge, von denen der tausendste Teil uns erstarren machen müsste. Sind wir noch Menschen?

Die vier göttlichen Elemente, Feuer und Luft, Wasser und Erde haben wir zu Werkzeugen des Todes gemacht, und das genügte nicht, Gift und Hunger holte man zu Hilfe. Aller menschliche Geist zählt und rechnet und grübelt: noch eine neue Streitmacht, noch eine neue Gewalt, noch eine neue Todesart.

Sieben Millionen sind tot. Sieben Millionen Mal in fünfzehnhundert Tagen hat der rasend gemachte, gehetzte Tod ein blühendes, hilfloses Menschenherz zerschnitten, und mit jedem Schnitt hat er ein zweites liebendes Herz getroffen. Ungezählt sind die Krüppel, die Blinden, die Wahnsinnigen und Gebrochenen; sie ziehen über die Erde und zeugen wider uns und euch. Die Kreuze auf den Feldern strecken ihre Arme aus, die gemordeten Wälder recken ihre verstümmelten Äste, die aussätzige Kruste der Erde, die zertrommelten Städte, sie blicken auf aus erloschenen Augen und zeugen wider uns und euch.

In Erdlöchern, in Schlamm und Wasser hocken seit vier Jahren unsere Brüder, schützen ihre armen Leiber gegen giftige Dünste, Eisensplitter und Bajonette und trachten nach dem Leben der anderen. Dem Leib der Erde und der Völker ist die Fruchtbarkeit unterbunden. Bleiche Kinder wachsen auf, bleiche Mütter arbeiten in Fabriken.

Der Wohlstand ist gebrochen, die friedlichen Gewerbe sind tot, die See ist verödet. Was noch geschaffen und geschleppt wird, sind Waffen. In den Städten aber rast der Tanz um das Kalb. Inmitten der Entbehrung prassen Bereicherte. Die Versuchung wächst, das Gewissen betäubt sich, die Sitte wankt.

www.maxhoerberg.de

Um die Erde kreist eine Gewalt des Hasses, wie der Planet sie niemals trug. Noch immer wächst sie, angefacht durch Rache, Verleumdung, Angst und Verblendung.

Und doch ist die Welt nicht böse und nicht schlecht; sie ist wahnsinnig und blind. Jeder glaubt, der andere wolle ihn vernichten, und solange jeder das vom anderen glaubt, bleibt allen nichts übrig, als zu kämpfen. Wollte aber jemand auch nur einen Tag länger den Kampf fortsetzen, als Unabhängigkeit, Unberührbarkeit und Lebensraum seines Landes fordern, so wäre er für sich allein, vor Gott und Menschen schuldig am Jammer der Millionen, und es wäre ihm besser, dass er nie geboren wäre.

Feinde, Brüder, es ist Zeit! Es ist sehr spät, und jede Minute tötet, und doch ist noch Zeit. Denn noch tötet jeder von uns in gutem Glauben, im Glauben an den Vernichtungswillen des anderen. Es mag auch wirklich in jedem Lande einige Menschen geben, die vernichten wollen, Verblendete, die glauben, man müsse vom Tode leben, vom Schmerz Gebrochene, die nach Rache schreien, und, furchtbar zu sagen, vielleicht auch Gewinnsüchtige und Machtgierige, die nach göttlichem Recht nicht fragen. Es gibt auch solche, die meinen, das ewige Gesetz vertrage einen Aufschub, wie schlechte Wechsel, und solche, die wähnen, der Krieg sei ein Gottesurteil, der Gott des Geistes und der Wahrheit sitze in Wolken wie Zeus auf dem Berge Ida und warte, bis er seine Feinde in die Hände seiner Lieblinge geben könne, damit sie mit ihnen verfahren nach ihrer und seiner Willkür, und neues Gesetz und Recht schaffen. Vielleicht glauben das in abgeschwächter Form auch einige Staatsmänner, und denken, der Krieg werde mit der Zeit die Lage so ändern, dass sie doch noch in aller Stille einige Erwerbungen machen können; deshalb scheuen sie sich, rundheraus zu reden und zu sagen, was sie verlangen.

Aber ich schwöre euch, es gibt nicht ein einziges Volk auf der Erde, das die Vernichtung eines anderen Volkes will und wollen kann. Jedes Volk weiß in seinem inneren Bewusstsein, dass es nur einen Frieden geben kann und geben wird: der Friede, der in drei oder in zehn oder in zwanzig Jahren geschlossen werden wird, ist genau der gleiche Friede, der heute geschlossen werden kann und geschlossen werden soll. Nur versöhnt er nicht mehr lebendige Völker und gesunde Länder, sondern arme, verrohte Krüppel und Stätten der Verwüstung.

Prüft das, und wenn es wahr ist, so sprecht es aus. An dem Tage aber, an dem ihr, Völker der Erde, das Wort ausspricht, das einfache, klare, selbstverständliche Wort: Keinem Volke soll seine Unabhängigkeit und sein angestammter Boden geraubt, keinem sollen seine Lebensbedingungen verkürzt werden, an dem gleichen Tage ist der Krieg gebrochen und der Frieden in eurer Hand. Denn die Angst der Völker voreinander ist erloschen, es können weder Gruppen noch Staatsmänner sie neu entfachen, sie können auch nicht mehr durch vieldeutige, geschäftskluge Forderungen den Zweifel offen lassen, ob nicht doch unter der Verhüllung von Sittensprüchen der Angriff auf das Leben des anderen lauert.

Welchen Weg dann die Staatsmänner wählen, um die leichte Aufgabe zu lösen, wie man zu Verhandlungen kommt, ist ganz gleichgültig. Der einfachste Weg scheint mir der beste. Es sollte zunächst jeder Staat fünf Forderungen nennen, die er für die wichtigsten hält, dann kann jeder rückfragen nach dem, was ihm unklar scheint oder was er nicht verstanden hat, dann soll er antworten.

Es ist keine Gefahr, dass die Antworten unbefriedigend ausfallen. Denn wem eine offenkundig ungerechte Forderung abgelehnt wird, kann ebenso wenig um dessentwillen den Krieg fortsetzen, wie der, der eine offenkundig gerechte Forderung ablehnt; es würde ein neuer Krieg mit neuen Kriegsgründen sein, den niemand will. Sind aber die Antworten erteilt, so mag man entscheiden, ob eine neue Reihe schriftlicher Fragen gestellt oder die mündliche Verhandlung begonnen werden soll.

Menschen und Völker, besinnt euch! Es geht um eure Seelen. Es wird kein anderer Friede über die Erde kommen, als der Friede der Gerechtigkeit und der guten Gesinnung. Wäre ein anderer Friede erreichbar, ihr dürftet ihn nicht nehmen, denn er wäre kein Friede, sondern ein heimlicher, vergifteter Krieg. Der gerechte Friede, der Friede Gottes, kommt, wir mögen ihn wollen oder nicht. Wollen wir ihn, so wird er uns geschenkt, wollen wir ihn nicht, so wird er uns auferlegt. Sind wir seiner würdig, so werden wir ihn erleben, sind wir seiner unwürdig, so werden ihn auch unsere Kinder nicht erleben.

Was der gerechte Friede ist, wissen wir. Wissen wir es und handeln nicht danach, so sind alle unsere Sittensprüche Heuchelei und unser Gewissen wird am Tage der Entscheidung auf uns lasten. Wir tragen die Verantwortung für eine Zivilisation und Kultur, für das Glück und das Leben der Millionen. Diese Verantwortung ist die kleinere. Wir tragen die Verantwortung um der Gerechtigkeit und um unserer Seelen willen, diese Verantwortung ist vor Gott und ist die größere. Die Seelen der Erschlagenen stehen auf und fordern von uns Rechenschaft. Sie fordern von uns nicht Rache, sondern Versöhnung zur Ehre Gottes. Brüder, wir wollen einander vergeben, damit uns miteinander vergeben werde. Nicht der ist schwach, der Vergebung empfängt, nicht der ist stark, der sie zurückweist.

Vier Jahre lang haben unsere Heere zu Lande, zu Wasser und in der Luft einander standgehalten und sind nicht ermüdet. Ihre Taten sind größer als alles Heldentum der Sage und Geschichte. Das Edelste und Stolzeste aber wird es sein von allem, was dieser alte Planet erlebt hat und erleben wird, und ein Leuchten wird von ihm ausgehen über das Weltall, wenn der Tag anbricht des großen Opfers, der freien, menschlichen und göttlichen Versöhnung. Der Tag, an dem wir uns vergeben allen Hass und allen Kummer, alle Tränen und alle Wunden, allen Tod und alle Rache. Der Tag, an dem wir uns die Hände reichen, um gemeinsam die Wunden zu heilen, die Witwen und Waisen zu trösten, die Erde neu aufzubauen. An diesem Tage sind unsere gefallenen Brüder wahrhaft verherrlicht, an diesem Tage ist die Erde entsühnt, und das Gottesreich um einen Schritt der Welt genähert.

* * *

Charakter

Wir wollen ein großes, starkes, freies Land, doch eine andere Größe, Stärke und Freiheit, als die wir kannten.

Wir wissen, dass Einrichtungen nicht Gesinnungen schaffen, sondern von ihnen geschaffen werden. Die Kruste ist starr, der Kern ist bildsam, wer das Sichtbare umschaffen will, der muss den Mittelpunkt bewegen.

Von Gesinnungen und Einrichtungen, die kommen werden, habe ich oft gesprochen. Zu euch, Freunde, aber will ich von dem reden, was in der Wirkungsreihe noch tiefer liegt.

Wie entstehen und ändern sich Gesinnungen? Erlebnis wirkt auf Geist und wandelt ihn. Verschieden aber wird von gleichem Erlebnis verschiedener Geist bestimmt, und diese Verschiedenheit heißt Charakter.

Wir überschätzen maßlos die bequeme Gründlichkeitsmethode des Historizismus, weil jeder fleißige Mensch, deren es, ach, so viele gibt, sie sich aneignen kann. Im Pragmatischen versagt sie fast immer. Wir überschätzen die wirtschaftliche Methode, weil sie den Mut der Folgerichtigkeit hat, doch wird sie dem Geist nicht gerecht, weil sie ihre Voraussetzung zum Ziele macht, indem sie von der Wirtschaft kommt und zur Wirtschaft führt. Wir unterschätzen die reine Beobachtung des Geistes und Charakters, weil sie Einfühlung an Stelle von Gelehrsamkeit verlangt; hier fühlen wir uns nicht sicher und fürchten uns unbewusst vor den Ergebnissen.

Verlangt man von jemand die Charakterbeschreibung eines Menschen oder Volkes, so wird er mit dem geistigen und seelischen Besitzstand beginnen. Mit Recht. Denn dieser Besitz an Werten und Fähigkeiten entscheidet über das geistige Sein, über den Wert der geistigen Substanz. Unserer Frage jedoch ist es nicht um die Substanz, sondern um ihre Bewegung und Wandlung, um das Schaffen und Handeln zu tun, hier entscheidet nicht der intellektuale, sondern der voluntarische Charakter.

Denn auf welcher geistigen und sittlichen Stufe wir stehen, wissen wir. Wollen wir wissen, ob und wie wir die nächste Stufe erreichen, so müssen wir die bewegenden Kräfte prüfen.

Alle Form ist sichtbarer Geist. Wo immer wir Lebensäußerungen und Einrichtungen beobachten, treffen wir, sofern wir tief genug schürfen, auf die Wurzeln des intellektualen und voluntarischen Charakters, Geist und Willen. Und wenn bei einem so hochstehenden Volke wie dem unseren Trübungen sich zeigen und nicht weichen wollen, so müssen wir die Ursachen in den Willenskräften aufdecken können. Nicht in der energetischen Größe der Willensstärke, denn die ist überschüssig, sondern in Einseitigkeiten der Richtung, in unausgeglichener Aktivität.

Die sichtbaren Mängel unserer Formen, Einrichtungen und Gesinnungen habe ich in einem Buch, das vielen von euch bekannt ist, geschildert. Bei ihnen wollen wir nur so lange verweilen, bis uns über die Einheitlichkeit ihrer Artung eine Vorstellung erwacht, die wir in der Beobachtung unseres Charakters wiederfinden.

Die Schwächen und Ungerechtigkeiten unseres wirtschaftlichen und sozialen Aufbaus sind die gleichen wie in aller übrigen Welt, sie fordern keine gesonderte Betrachtung. Mit einer Ausnahme: der Aufstieg ist bei uns viel schwerer als anderswo, denn mit der plutokratischen Hemmung verbindet sich die der feudal-bürokratisch-militärischen Atmosphäre. Auf die kommen wir zurück.

Ganz eigenartig, teilweise nur mit denen Österreichs vergleichbar, sind unsere politischen Schwächen, die wir diesmal nur flüchtig streifen wollen.

Die Regierung: ein Aufbau unglaublicher innerer Komplikation, Reibung und Hemmung. Vollkommene Unmöglichkeit einer Fernpolitik, eines Verfügens auf lange Sicht, das im Wettbewerb der Völker entscheidet; denn der Staatsmann ist eingespannt in ein neunzigfaches Veto, dem kein Jubeo entgegensteht. Er muss paktieren mit Höfen, Kirchen, Bundesstaaten, verbündeten Mächten, drei Kabinetten, zwei Reihen von unbekannten Kollegen, einem entrückten Kanzler, seinen eigenen Räten, mehreren

Parlamenten und zahlreichen Kommissionen, Parteien, Einzelabgeordneten, Gewerbevertretungen, Interessenvertretungen, Einzelinteressenten. Jeder kann ihn stürzen, keiner hält ihn. Er kann froh sein, wenn er ein paar Jahre laviert, paktiert und verwaltet hat. An Weitsichtiges kann er sich zur Not auf technischen Gebieten wagen, die niemanden interessieren, oder die niemand versteht. Man wendet ein, dass Bismarck mit diesem System ein Menschenalter regiert hat: Er besaß neben seiner Genialität einen Talisman, den er erst am Tage seiner Absetzung verlor: die Unabsetzbarkeit.

Warum das? Weil wir ein halbkonstitutioneller Staat sind. Ein Staat, in welchem mit Hilfe einer beamteten Gelehrsamkeit alles Historische und Überlieferte nach Kräften erhalten wird, weil es historisch und überliefert ist. Ein Staat, in welchem die Worte Volk und Demokratie vor dem Kriege verpönt waren. Ein Staat, in welchem viele Sonderrechte bestehen und niemand eines aufzugeben braucht, weil niemand es verlangt. Ein Staat, in welchem seit Jahrhunderten niemand regiert, der nicht als Angehöriger oder Assimilant des militärischen Feudalismus, des feudalisierten Bürokratismus oder des feudalisierten, militarisierten und bürokratisierten Plutokratismus auftritt. Ein Staat, in welchem mit Hilfe der so bezeichneten Atmosphäre, verschärft durch dauernde politische, kirchliche und militärische Führungskontrolle, eine Auslese der Begabungen stattfindet, die man als Gegenauslese bezeichnen kann. Ein Staat, in welchem das Großbürgertum sich vorwiegend von der Politik fernhält, es sei denn da, wo Erwerbsinteressen berührt werden, oder wo Beziehungen zu gewinnen oder zu erhalten sind. Das mittlere Bürgertum folgt zu einem Drittel der Kirche, zu einem Drittel der kontrollierenden Autorität, zu einem Drittel ist es in Opposition.

Die beiden großen Parlamente sind tief reformbedürftig. Die Reform dieser Parlamente, zumal des Reichstages, ist weit notwendiger und dringender als die der Regierung. Gewählt sind sie auf Grund eines verwerflichen und eines geometrisch verfälschten Wahlverfahrens. Ihre geistige Höhenlinie liegt weit tiefer, als ein geistig hochentwickeltes Volk sie von sich verlangen kann. Überwiegend bestehen sie aus Ortsgrößen und Vertretern von Interessentenvereinigungen. Schöpferische Staatsmänner finden sich kaum. Ihre Tätigkeit ist vorwiegend Abänderung, vielfach Verschlechterung von Regierungsvorlagen, und Kritik. Eigene Initiative ist selten, geschieht sie, so wird sie meist schnell bereut. Routinierte Staatsleute werden nach bestimmten Behandlungsregeln leicht mit den Parlamenten fertig, auch in erregten Sitzungen. Für die Machtlosigkeit der Parlamente entschädigen sich die Kommissionen und die gewandteren Abgeordneten durch offizielle Rücksichten, die man ihnen gewährt. Würden unsere Parlamente heute vor die Aufgabe gestellt, Koalitionsministerien zu schaffen, so wären sie ratlos; sie wissen selbst, dass ihre Minister sich nicht mit denen der Bürokratie würden messen können. Alles in allem kann man sagen, es würde ohne unsere Parlamente ebenso gut oder besser regiert werden, als mit ihnen. Dereinst sollen sie die Schule des Staatsmannes, die Quelle der Auslese, die Träger der Verantwortung werden. Heute sind sie bestenfalls das kleinere von zwei Übeln.

Woher kommt das? Die Gründe sind die gleichen, wie die, welche die Regierung lähmen. Halbkonstitutionelles System, daher parlamentarische Machtlosigkeit, daher parlamentarische Interesselosigkeit, daher parlamentarische Unzulänglichkeit, daher Unmöglichkeit, dem Parlament größere Verantwortung zu gewähren, daher halbkonstitutionelles System. Den Zirkel könnte nur das Volk zerschneiden, doch es ist unpolitisch, parlamentsmüde, noch bevor es ein echtes Parlament kennengelernt hat, indolent, durch gelehrte Theorien, Schlagworte und Beeinflussung kopfscheu gemacht. Die größte Verwirrung aber stiftet der angebliche Gegenbegriff Autokratie und Demokratie.

Bismarck hat den bourgeoisen Liberalismus vernichtet, das war sein Recht; er hat ihn überdies derart diskreditiert, dass er fast mit dem Makel der Unehrlichkeit behaftet wurde, das war sein Unrecht. Machte Liberalismus den Menschen gewissermaßen gesellschaftsunfähig und ungeeignet, ein besseres Amt zu bekleiden, so war Demokratismus offenkundige Auflehnung gegen die gottgewollte Obrigkeit und Abhängigkeit; und so erscheint er den meisten noch heute. Man denkt an Pöbelherrschaft und Kommunismus und kommt sich klug vor, wenn man beobachtet, dass selbst in Republiken eigentlich autokratisch regiert wird.

Autokratisch soll überall regiert werden, jede andere als die autokratische Regierung ist machtlos und unfähig. Autokratie und Demokratie sind nicht Gegensätze, die sich ausschließen; im Gegenteil, nur durch Vereinigung kommen sie zur Wirkung. Nur auf demokratischer Grundlage kann und darf autokratisch regiert werden, nur mit autokratischem Überbau ist Demokratie gerechtfertigt.

In allen Zeiten haben Personen regiert, nicht Körperschaften und Massen. Regieren aber ist Kunst, sie kann nur geübt werden, wenn der schaffende Mensch ungestört, unbehelligt, vom Vertrauen getragen bleibt. Regiert er ohne Vertrauen, durch Macht, so ist er Despot, regiert er ohne Vertrauen, kontrolliert, behelligt und gehemmt, so ist er Stümper.

Das Vertrauen macht Autokratie möglich, Demokratie macht das Vertrauen möglich. Vertrauen schenkt man dem, den man kennt und will, nicht dem, der ernannt wird. Wohl kann auch der Ernannte sich Vertrauen erwerben; bis er es hat, ist er tot, zum mindesten verbraucht. Das Vertrauen zum Erwählten muss und soll nicht ewig währen; endet es, so tritt er ab, ein anderer richtet den Weg wieder gerade, renkt die Fehler ein, und nach einer Zeit mag der Erste wiederkommen. Durch den Begriff des Vertrauens, womit nicht der plumpe Kredit bürgerlicher Unbescholtenheit, sondern geistiges Vertrauen gemeint ist, verbinden sich Demokratie und Autokratie zur einzigen politischen Form, die großer Verantwortung gewachsen ist.

Dies wissen wir nicht, verhöhnen den demokratischen Autokratismus, stellen ihm die demokratische Wahlform eines machtlosen Parlaments gegenüber und machen aus unverhohlenem Misstrauen durch stets verschärfte Kontrollen den uns auferlegten Staatsmännern das an sich unmögliche Leben noch unmöglicher.

Bevor wir nun der Frage antworten, welche unserer Charaktereigenschaften unser politisches Leben verwirrt und uns den Aufstieg zu neuer Gesinnung erschwert, sei eine Bemerkung eingeschaltet, die unser neueres Verhältnis zur Beobachtung eigener und fremder Charakterzüge betrifft.

Mag man sich zum Kriege stellen, wie man will; unvergesslich bleiben jene Augusttage auch für den, der hinter den Jubelchören Schatten aufsteigen sah. Bald wurde auch manchem anderen der falsche Ton vernehmlich, der in der herrlichen Begeisterung der Jungen, in der brüderlichen Opferfreude der Älteren anfänglich verklungen war. Bald wurde fühlbar, es gab auch solche, die von dem großen Ereignis eigene Vorteile hofften, sei es für die alte, sei es für eine neue Laufbahn, sei es für geschäftliche, sei es für politische Sonderstrebungen; es gab auch beabsichtigten und interessierten Enthusiasmus. Während draußen die ersten und herrlichsten Taten geschahen, während die erste, heißeste Hingabe der Heimat, zumal der Frauen, die Herzen erwärmte, regten sich die ersten Heimkrieger, Kriegsspekulanten und Raffer. Während das Volk an den Fronten diszipliniert, daheim organisiert wurde, verebbte der Geist. Nie hatte es ein derartiges Absinken der geistigen Ebene Europas in so kurzer Zeit gegeben. Das Denken der Gebildeten verschmolz mit dem der Massen zu aufgeregter, unduldsamer Suggestion, die jede Prüfung und Besinnung verpönte, das Ungereimteste, Widersinnigste, Gehässigste wurde ausgesprengt, geglaubt, geurteilt, vorausgesagt, und jeder verfolgt, der nicht einzustimmen schien. Ja, eine Tendenz trat auf, die man nicht anders als die Ranküne des Ungeistes benennen kann, und die sich, unausgesprochen, folgendermaßen zu äußern schien: *"Zu lange haben wir die verstiegenen Dinge, die sich geistig und künstlerisch nannten, die niemand von uns verstand, und die uns missfielen, gegen uns gelten lassen müssen. Das hat jetzt ein Ende. Wozu seid ihr Geistigen da? Jetzt herrscht der Arm, und der wird euch zeigen, dass er die Welt bezwingt. Verkriecht euch, jetzt wollen wir lesen, sehen und hören, was wir verstehen, und was uns freut."* Und wirklich, bis in die Auslagen der Läden drang der gutbürgerliche Geschmack, der Tonzwerg- und Pfeifenkopfhumor, in den Unterhaltungsbeilagen der Blätter las man Geschichten vom treuen Spitz und klugen Elschen, und im Parlament stimmte man einem Redner zu, der die fünfhundertste Aufführung einer rührenden Operette als Wiederkehr der Unschuld und Harmlosigkeit pries.

In dieser Atmosphäre begannen die Massenurteile über fremden und eigenen Volkscharakter. Einem leidenden und erbitterten

Volke ist es nicht zu verübeln, wenn es von feindlichen Ränken und Gräueln hört, die in Millionenheeren nicht ausbleiben können, dass es sich in leidenschaftlicher Verallgemeinerung dem entrüsteten Hasse hingibt; und dieser Hass wütet in der Heimat noch rückhaltloser als im Felde, wo ritterliche Anerkennung feindlicher Tapferkeit ihm entgegenwirkt. In solchen Zeiten sollte der Gebildete sich dreierlei vor Augen halten, wenn er nach allgemeinem Urteil strebt.

Erstens. Ein Volk ist ein kollektiver Geist, der von außen betrachtet anders wirkt als die Summe der Einzelgeister. Solange die Völker nahezu anarchisch nach Raubtierart leben, muss jedes Volk, das gut geleitet und zielbewusst seine Interessen vertritt, nach außen raubtierhaft erscheinen, ohne dass seine Glieder Raubtiere zu sein brauchen. Erscheint es nach außen gutmütig, freundlich, dankbar, gefühlvoll, so ist das kein Beweis für derartige Eigenschaften seiner Glieder, sondern ein Beweis von politischer Schwäche und schlechter Leitung. Der anarchische Zustand soll und wird aufhören; dann werden die Völker als kollektive Gebilde das Recht und die Pflicht haben, nach außen menschenähnlich und sittlich zu erscheinen. Solange man den anarchischen Zustand, die gerüstete Feindschaft aufrechterhält, somit will, soll man sich nicht damit brüsten, wenn man nicht den Willen, die Kraft oder den Erfolg der vereinbarten Brutalität besitzt, und soll nicht den verurteilen, der die Folgen zieht. Ein guter Schachspieler wird seinem Partner nicht das Brett um den Kopf schlagen, mit der Begründung, der andere habe ihm in hinterlistiger Weise seine Dame genommen oder seinen König eingekreist. Leider sind beim anarchischen Zustande der Staaten fast alle Mittel im Frieden und Kriege erlaubt. Das darüber hinausgehende Unrecht fällt jedoch meistens Einzelnen, selten der Gesamtheit zur Last. Schlimm ist es freilich, dass die Gemeinschaft sich fast immer bestimmen lässt, das Einzelunrecht zu entschuldigen; das liegt in der Regel an der Einseitigkeit der Berichterstattung und der Schwierigkeit der Nachprüfung.

Zweitens. Die Charaktere der Kulturvölker sind ähnlicher als man glaubt. In jedem Volke gibt es Heilige und Sünder, Seelenhafte und Seelenlose, Helden und Feiglinge, Idealisten und Krämer, Märtyrer und Mörder, in allen fast in der gleichen Mischung. Weit verschiedener als die Völker untereinander sind die Schichten innerhalb ein und desselben Volkes. Die meisten Vergleiche populärer Psychologie haben den Fehler, dass man ungleichartige Schichten verglichen hat; unwillkürlich wählt man bei sich selbst die höhere, beim anderen die tiefere Schicht zum Vergleich. So entstehen jene grauenhaft trivialen, grundfalschen Populärurteile, die mehr als alles andere dazu beigetragen haben, die Völker zu entzweien.

Drittens. Psychologisches Urteil lässt sich nicht erlernen. Es ist nicht Sache der Wissenschaft, noch weniger der bürgerlichen Beobachtung, sondern der Einfühlung. Ein Gelehrter, der Literatur, Kultur oder Verfassung eines Volkes studiert, kann wertvolle Einzelzüge vereinigen, dasselbe kann ein gereifter Bürger, der irgendwo gelebt und gute oder schlechte Geschäfte gemacht hat; das Einfühlen in die Natur eines Einzelnen, das viel schwierigere Einfühlen in die Natur eines Volkes, fordert intuitive, ja dichterische Begabung.

Von solcher Vorsicht des Urteils waren unsere Gebildeten weit entfernt, und viele der Gebildeten unter unseren Gegnern sind es noch heute. Von Geschäftsreisenden, Berichterstattern und Stubengelehrten ließen wir uns mehr erzählen als nötig war, selten wurde ein berufener Beurteiler gehört, viele wollten oder mussten schweigen.

So war die Stimmung vorbereitet für das Beschämendste und Undeutscheste, was in diesem Kriege geschah, die maßlose, schamlose Ausschüttung des Selbstlobes. Nichts hat so sehr zur Entsittlichung des Landes, zur Missachtung des Gesetzes, zur Überempfindlichkeit der Stimmung beigetragen als die langandauernde tägliche Selbstverherrlichung. Denn was brauchte ein Volk von sich zu verlangen, was sich zu versagen, dem Gott allein, vor allen anderen, sämtliche Tugenden und Begabungen verliehen hatte? Nur wir waren treu und bescheiden, nur wir waren tapfer und hingebend, nur wir waren tief und genial, sittlich und heldenhaft, gläubig und seherisch. Alle anderen waren vor Gott und Menschen verworfen. Warum Gott die Übrigen so unzulänglich geschaffen hatte? Offenbar nur, um uns zu verherrlichen. Wir waren das auserwählte Volk, gesandt, um allen Völkern das Licht zu bringen und alle zu beherrschen.

Es hat ein Volk gegeben, das sich das auserwählte genannt hat. Es war kein schlechtes Volk, es hat der Welt die Offenbarung, viele Propheten und ein herrliches Buch gebracht. Wegen seines verruchten Stolzes auf Auserwähltheit aber ist es in die vier Winde zerstreut worden, seine Kinder haben zweitausend Jahre in Blut und Tränen gebüßt, und ihrer Buße und Tränen ist noch heute kein Ende.

Gott verhüte, dass auf unser deutsches Volk dieser Frevel falle.

Wir sind kein auserwähltes Volk und wollen es nicht sein. Wir sind ein junges Volk und haben dennoch eine alte, herrliche Vergangenheit. Auf unserem Boden sind große Helden erwachsen, die höchsten Dichter und Philosophen der neuen Zeit haben ihn betreten. Die Musik der Welt ist auf deutschem Boden erstanden.

Wir sind ein junges Volk. Vielleicht keiner von uns stammt unvermischt von taciteischen Germanen, wenige entstammen der Oberschicht, die den deutschen Geist und die deutsche Geschichte geschaffen hat; die meisten sind Kinder der namenlosen, unhistorischen unfreien Unterschicht, von der die Wissenschaft nichts weiß; viele sind zugewandert. Wir sind jung und wissen wenig von uns. Wir wissen, dass sich unsere Jungen gut schlagen. Wir wissen, dass wir organisierbar und disziplinierbar sind, dass wir uns in die mechanisierte Welt vollkommen eingefügt und sie vorwärts gebracht haben. Wir haben eine gewaltige Wissenschaft und eine bedeutende Technik. Seit dem Ende jener großen Umschichtung, seit hundert Jahren, sind uns höchste Geister nur spärlich erstanden. Doch fühlen wir uns als die Erben und geistigen Nachkommen jener Großen, weil wir sie begreifen, in uns tragen und verehren. Wir dürfen hoffen, dass etwas Verwandtes in uns lebt und sich immer wieder verkörpern wird. Wir ringen um die Form unseres Lebens, unseres Geistes und unseres Staates. Vor allem: wir blicken uns in die Augen und fühlen das herzliche Vertrauen vom einen zum anderen, zum guten Willen und zur reinen Kraft; wir blicken in die lieben

Augen unserer Frauen und fühlen die blühende Wärme des Lebens und die gesegnete Verheißung der Zukunft.

Eines freilich haben wir vor allen anderen Völkern voraus, eines, das keine Ruhmredigkeit gestattet und keinen Neid herausfordert: die Härte und Schwere der metaphysischen Pflicht.

Deshalb ist uns der Blick nach innen und nach oben gegeben, das Streben zur Sache, zu den Dingen und zur Wahrheit: damit wir das Nahe und das Ferne erfassen und begreifen, damit wir die Dinge in ihrer Beziehung zum Kosmos erfühlen, damit wir höchste Gerechtigkeit üben, uns selbst härter prüfen als alle anderen, und das Schwerste von uns verlangen. Und deshalb ist uns harter Boden, harter Himmel und hartes Leben gesetzt, damit wir nie erlahmen, im schwersten Dienst den göttlichen Geist zu verherrlichen.

Leichtes Leben, leichte Freude und leichtes Urteil, das anderen freisteht, ziemt uns nicht. Wenn wir die Gnade der bitteren Verantwortung, die auf uns gelegt ist, voll erfassen, so werden wir die dankbarsten aller Menschen und im Stolze des höchsten Dienstes die demütigsten sein.

So sind wir zur Selbstprüfung unseres Charakters zurückgekehrt und haben die Härte der Unerbittlichkeit gewonnen. Mit ihr die äußere Furchtlosigkeit des Bekenntnisses. Wehe dem, der die innerlichen Momente des leiblichen oder geistigen Lebens eines Menschen belauert und belauscht, um seiner zu spotten oder gegen ihn zu zeugen. Er hat das Recht des Zeugens und des Zeugnisses verwirkt, sein eigener Hohn schleudert ihn und die Seinen herab von der Stufe, auf der nach hohem Maße sittlich gewertet wird.

Was wir zu bekennen haben, ist nichts Neues und nichts übermäßig Schweres. Unsere Besten haben es uns oft gesagt, bald spottend, bald schmähend; was sie uns nicht gesagt haben, und was wir selbst uns sagen müssen, das sind die unabsehbaren Folgen und Gefahren einer einzigen wesentlichen Schwäche unseres voluntarischen Charakters.

Uns Deutschen fehlt das persönliche Unabhängigkeitsgefühl, wir neigen zur gewollten Abhängigkeit.

Verwechseln wir nicht Unabhängigkeit mit Zuchtlosigkeit, vermengen wir nicht Abhängigkeit und Treue.

Ein Mann soll Zucht halten und Zucht üben, denn der Kosmos ist eine Ordnung, nach seiner Idee hat jedes Glied zu tragen und zu lasten, zu leisten und zu leiten. Die Zucht huldigt der Idee, nicht ihrem Organ, der Gewalt; als Freie sollen wir nicht Machthabern gehören und gehorchen, sondern uns geordneter, gewollter Führung anvertrauen und hingeben. Von Trauen kommt Treue, sie ist das freiwillige, überzeugte, unverbrüchliche Geschenk des Vertrauens. Erzwungene Treue ist ein begrifflicher Widerspruch; erzwungen werden kann Unterwerfung; Treue, die höchste irdische Pflicht, ruht auf Freiheit und Wahrhaftigkeit.

Das bedeutet nun freilich nicht, dass ein jeder sich nach Willkür die Bindungen auserwählen kann, welche er auf sich nehmen will, und welche nicht. Ein bestehender Staat, eine geordnete Gesellschaft, vor allem eine wirkende Heeresmacht, legt Bindungen auf, die nach der Ordnung der Gesetze so unverbrüchlich sind, wie höchste irdische Pflicht es nur sein kann. Somit ist jede Frage der Unterwerfung unter rechtskräftiges Gesetz und seine Ausübung der Erörterung entzogen.

Etwas anderes aber ist es, welche Bindung und Bindungsform man will und welche man nicht will, ob man dazu neigt, sich in auferlegte Bindung zu stürzen oder sich zu selbstgewollter Bindung zu fügen, ob man neigt, sich an Macht, Gewalt und ihre Besitzer hinzugeben, oder der Idee, ihrer Verkörperung und ihren Trägern zu folgen, ob man der Person oder der Sache gehört, ob man pariert oder dient, ob man ein Diener oder ein Dienender ist. Vor allem, ob man unter vorsorglicher Hütung und Hegung zu leben wünscht, oder ob man gewillt ist, Verantwortung zu tragen und zu fordern.

Sicherlich hat unser schönes Erbe der Sachlichkeit dazu beigetragen, dass wir uns niemals lange fragten, ob, mit welchem Recht, in welcher Form, und zu welchem Zweck eine Sache uns auferlegt wurde, wenn sie nur ordentlich erfüllt wurde; dass wir jedes ererbte Abhängigkeitsverhältnis mit alleiniger Ausnahme allzu ausgesprochener Fremdherrschaft willig hinnehmen. Doch täuschen wir uns nicht: der Zug zur Abhängigkeit ist ein Erbteil nicht des alten Germanentums, das bei höchster Treue von höchstem Unabhängigkeitsdrang, Trotz und Eigenwillen war, sondern der unfreien, dienstgewohnten und verängstigten Unterschichten, die allzu lange, vor allem im mittleren und östlichen Teil des Landes, die Masse der Bevölkerung bildeten. Noch im 18. Jahrhundert galten hier die Sinnbilder der Untertänigkeit: Saumkuss und Peitsche, und der Adel nannte seine Hintersassen die Kanaille[5]. Der Vergleich des deutschen Halbslawen mit dem stammesreineren Friesen, Westfalen, Franken und Schwaben weist die Abstufung des Abhängigkeitssinnes in Charakter und Lebensform. Nicht nur der Einzelne, auch ein Volk bedarf der Kinderstube. Die heroische und geistige Vergangenheit einer Oberschicht hat nicht immer die Wirkung eines Vorbildes; sie kann bei hinreichender Entfremdung umgekehrt, nämlich distanzierend wirken, indem die Herren alle Ehren für sich verlangen.

Es scheint unbegreiflich und ist es nicht, dass wir uns der Eigenart unseres Abhängigkeitsdranges so gar nicht bewusst sind, und dass wir seine sichtbarsten Folgen, die Unselbständigkeit unseres staatlichen Lebens, die militärisch-feudale, die bürokratische, die plutokratische Bindung, das Vorgesetzten- und Subordinationswesen des bürgerlichen Lebens, den schroffen und zurechtweisenden Verkehrston, das umspannende Netz der Verordnungen und Verbote, die Bevorzugung der Stände, die zopfigen Ungleichheiten und Unfreundlichkeiten amtlicher Behandlung, die Ansprüche der Besitzer und Interessenten so gar nicht empfinden. Es fehlen uns die Vergleiche. Vorhaltungen Fremder, die überdies in gehässiger Form und falscher Formulierung gemacht zu werden pflegen, lehnen wir mit Recht ab. Doch unsere Auswanderer der letzten Menschenalter sind nicht heimgekehrt, sicher nicht aus Mangel an Heimatliebe, oder aus Liebe zur Fremde, oder aus Geldgier. Sie konnten sich in die Atmosphäre nicht mehr finden, nachdem sie ihnen durch Vergleich bewusst geworden war.

---

[5] Gesindel

Auf höherer Geistesebene kann der Abhängigkeitsdrang, wie jede menschliche Schwäche, an gewisse Tugenden grenzen. Man rühmt unsere Organisation, besser gesagt, unsere Organisierbarkeit, Pünktlichkeit und Disziplin. Man kann sich bei uns auf alles verlassen. Was befohlen ist, geschieht. Was eingeübt ist, klappt. Was geordnet ist, stimmt. Das ist gut und soll so bleiben. Doch es ist nicht gleichgültig, um welchen Preis das letzte Prozent der Genauigkeit erkauft ist. Eine einzige schöpferische Idee kann um das Tausendfache jede disziplinierte Gewöhnung übertreffen. Unfreiheit auf allen Lebensgebieten rechtfertigt kein Höhepunkt der Präzision. Selbst wenn nationale Monopolstellungen, etwa auf dem Gebiet des Militarismus, durch hundertjährige Überdisziplinierung eines Volkes erlangt werden könnten, wäre es bedenklich, sie zu erstreben; doch gerade der Krieg hat gezeigt, dass solche Sondervorteile nicht bestehen.

Schon auf dieser höheren Ebene beginnen jedoch offenkundige Gefahren. Abhängigkeitsgefühl, auf Geistiges übertragen, bedeutet Autoritätsglauben, Autoritätsüberschätzung, Haften an Überlieferung, an herkömmlichen Denkreihen und Methoden.

In der Wissenschaft hetzen wir den Entwicklungsbegriff und den Historismus zu Tode. Wir wagen keinem Gegenstand unbefangen ins Auge zu sehen, ihn zu werten und auszuschöpfen; wir wollen alles hinten herum über ihn, seine Vergangenheit, Sippschaft, Umstände und Analogien erfahren, verlieren alle Naivität, und müssen ihn jedes Mal, nachdem wir ihn gutwillig oder mit Gewalt logisch gemacht haben, am Ende schlechterdings billigen. Wir wissen alles, um alles beim Alten zu lassen. Die amtliche Wissenschaft ist, nächst dem Interessenten, unsere konservative Kraft. Die Verfolgung jeder Originalität, sofern sie jünger ist als ein Menschenalter, scheint ihr geboten.

In der Verwaltung haften wir an der Tradition. Eingestanden oder nicht: Man sehnt das Vorbild des alten Preußen zurück, eines landwirtschaftlichen, unmechanisierten Mittelstaates, der nach Art einer großen Gutsherrschaft vom Eigentümer mit Hilfe einiger Kabinette verwaltet werden konnte. Die Bewegungsfreiheit der Ressorts in jeder Frage weittragender Politik habe ich geschildert; noch nie hat meines Wissens einer der Beteiligten, mit Ausnahme Bismarcks, sie offen gerügt; man betrachtet diese Abhängigkeit als ebenso gottgewollt wie die der Führung, der Anschauung, der Atmosphäre.

In der Politik wird größere Unabhängigkeit von einzelnen Parteien programmatisch erstrebt. In der Praxis würde man erschrecken, wenn sie gewährt würde. Ob ein parlamentarisches Ministerium überhaupt von den bestimmenden Personen zustandegebracht werden könnte, ist fraglich. Man würde vorziehen, die Verantwortung in gewohnter Weise übernommen zu sehen, und allenfalls es nicht übel vermerken, den eigenen Namen auf der Liste zu finden.

Über die Abhängigkeit von zwei Herrenkasten, der militärisch-feudalen und der bürokratischen sowie von der emporgedrungenen plutokratischen Schicht, die sich gegenwärtig durch den Zutritt der Kriegsgewinner verstärkt, ist nichts weiter zu sagen.

Das seltsamste Abhängigkeitsbedürfnis auf höherer Ebene ist das gesellschaftliche, das sich im Großbürgertum auswirkt.

Militär und Beamtenschaft unterstehen einer Führungs- und Herkunftskontrolle. Das gehobene Bürgertum will sie nicht entbehren. Der innere Grund ist vermutlich der: Da das gesellschaftliche Vorbild einer Aristokratie für allgemeine Haltung und Lebensform fehlte und der junge Reichtum zu massenhaft aufschoss, um ein Patriziat zu bilden, verlangte man nach Legitimation. Diesem Bedürfnis kam der Staat, halb unbewusst, halb humorvoll berechnend entgegen. Es gibt in Deutschland der Schätzung nach mehrere tausend Titulaturen, Rangstufen und Auszeichnungen. Viele wurden dem Bürgertum zugänglich, und man konnte es dem Staat nicht verübeln, ja man sah vielfach eine erwünschte Verbriefung darin, dass eine milde Kontrolle der Herkunft und der Führung, eine entschiedenere der politischen Gesinnung an die Verleihung geknüpft wurde. Der Vorteil war offenkundig: Hatte ein mittlerer Industrieller dreißigtausend Mark für Kirchenbauten gestiftet und kurz darauf die Würde eines Königlichen Kommerzienrates erhalten, so war es ihm und den Seinen eine Befriedigung, dass eine Prüfung seiner persönlichen und geschäftlichen Verhältnisse vorausgegangen, und somit auch nach außen der Beweis erbracht war, dass die nackte materielle Leistung allenfalls den Anlass, keinesfalls den Grund seiner bürgerlichen Erhöhung ausmachte.

Es ist fraglich, ob die herrschenden Staatsmächte sich bewusst sind, welch ungemessenen Gesinnungseinfluss die selbstgewählte Führungsabhängigkeit des höheren Bürgertums ihnen gewährt. Unter hunderttausenden von bürgerlich oder militärisch Begünstigten findet sich kaum ein Sozialdemokrat; im militärischen Verhältnis wurde vor dem Kriege ausgesprochener Liberalismus nicht geduldet, im bürgerlichen Verhältnis war er selten. Zieht man die Wirkung auf Anhang und Gefolgschaft in Betracht, so ergibt sich, dass die als lässliche und gutartige Schwäche verspottete Titelsucht der Deutschen eine der ernstesten politischen Realitäten bedeutet: nämlich den Verzicht eines bedeutenden Teils der bürgerlichen Intelligenz auf politische Unabhängigkeit.

Um Unabhängigkeitsdrang zu suchen, wenden wir uns von den bürgerlichen Schichten zu den Organisationen des Proletariats, und finden die Abhängigkeitssucht in ihren vier schroffsten Formen: Abhängigkeit vom wissenschaftlichen Dogma, Abhängigkeit der Massen von den Führern, Abhängigkeit der Massen von der selbstgeschaffenen Atmosphäre, Abhängigkeit der Führer von den Massen. Käme Christus wieder und verstieße wider das Programm der Schriftgelehrten, so wäre er in der Parteiversammlung nicht sicherer als anderswo.

Alle Selbständigkeit und Unabhängigkeit hat sich ins Wirtschaftsleben geflüchtet. Dort herrscht sie jedoch nicht aus starkem Charakter und unbeugsamer Überzeugung, sondern im Dienste des Kampfes um Mein und Dein. Schlimm genug: Unabhängig und mannstolz können wir sein, wenn es sich lohnt. Um einer Million willen lohnt es, um lumpiger Ideale willen lohnt es nicht.

Der Unabhängigkeitsdrang der Gewerbe, der einzige, den wir haben, und der einzige, der gezügelt sein sollte, verbunden mit einer unerhörten Schulung im geschäftspolitischen und dialektischen Gebaren, entwickelt sich zu unserer schwersten inneren Gefahr. Wenn der Generalsekretär des *Allgemeinen Deutschen*

Verbandes zur Wahrung der Interessen sämtlicher Zweige der ausgestopften Vogel-Industrie" (Abgekürzt: A. D. V. z. W. d. I. s. Z. d. a. V. I.), blendende Erscheinung, sonor und formgewandt, von der Tribüne die Bedeutung der ihm anvertrauten Interessen erläutert und mit historischen, geographischen, ethnographischen, handelspolitischen, finanziellen, sozialen, kulturellen, ethischen und allgemein menschlichen Beweisen bekräftigt, wenn er dann auf unsere Ostpolitik übergeht und darlegt, dass sie unter Umständen nicht weit entfernt sei, einen gewissen unendlich wichtigen Zweig seines Gewerbes zu schädigen, so wird jedes Herz mit Sorge erfüllt. Wenn alsdann hunderttausende von Flugschriften, zahlreiche Versammlungsbeschlüsse, Handelskammereingaben und Abgeordneteneinsprüche die Warnung wiederholen, so werden manche seiner Freunde dem Staatsmann empfehlen, seine Gesamtpolitik zu ändern. Da es schließlich keine Politik gibt, die nicht irgendwelche Interessen verletzt, so muss es am Ende dahin kommen, dass nur noch solche Dinge unternommen werden können, deren Gegeninteressenten schwach, missliebig oder spärlich sind; das bedeutet die letzte Einschränkung unserer ohnehin so geringen Bewegungsfreiheit. Wir gehen am Interessenten zugrunde.

Wir steigen von der höheren geistigen Ebene zur mittleren herab und finden weniger freundliche Züge unseres Dranges zur Abhängigkeit.

Die menschliche Verflechtung von Autorität und Folge erstarrt zu einer lückenlosen Kette Vorgesetzter und Untergebener, verbunden durch die eiserne Klammer der Subordination. Der Mensch ist nicht ein Glied organischer Gemeinschaft, sondern er ist festgelegt, seinem Werte, seinem Selbstbewusstsein, seinem Ansehen nach, durch die Bestimmung: wen er kommandiert und wer ihm etwas zu sagen hat. Unbewusst wandelt sich jede Beziehung in ein Subordinationsverhältnis: Der Vater ist der Vorgesetzte des Kindes, der Lehrer ist der Vorgesetzte der Schüler, der Schutzmann ist der Vorgesetzte des Publikums, der Schalterbeamte ist der Vorgesetzte der Briefmarkenkäufer, das Militär ist der Vorgesetzte des Zivils, und in den Kolonien fühlt sich, sehr zum Schaden des zivilisatorischen Gedankens, der Weiße vielfach als Vorgesetzter des Eingeborenen.

Subordination! Dieses harte Wort spätlateinischen Ursprungs wird in anderen Sprachen als der deutschen fast nie gebraucht; wir haben es jeden Tag nötig. Es durch Gefolgschaft, Unterordnung, Treue zu ersetzen, fällt niemandem ein, denn es bedeutet etwas anderes und soll etwas anderes bedeuten. Selbst Gehorsam und Folgsamkeit, Worte, die auf erwachsene Menschen keine Anwendung haben, würden nicht ausreichen. Der Sinn, den Subordination in uns erweckt, ist schrankenlose Unterwerfung eines Menschen unter das Gebot eines anderen Menschen, und die Symbolik der Ehrenbezeigungen, die dieses Verhältnis bekräftigen, verlangt rückhaltloses Hinstrecken des ganzen Leibes. Es ist folgerichtig, dass in zwei ganz verschiedenen Sprachen gesprochen wird, je nachdem man von unten nach oben oder von oben nach unten sich äußert. Hier wird untertänigst erinnert, gehorsamst anheimgestellt, ganz ergebenst gebeten, bemerken zu dürfen, man beehrt sich, erstirbt, legt sich zu Füßen, dort wird geruht, befohlen, verordnet und im besten Falle ersucht. Hier wird in der dritten Person Pluralis gesprochen, in Ermangelung einer vierten, dort beliebt man vielfach, auch vom Jüngeren zum Älteren, ein väterliches Du. In höheren Erlassen erscheint unter Umständen das ganze Volk als ein kollektiver Untergebener oder Untertan, es wird zur Treue, zur Pflichterfüllung und zum Gehorsam ermahnt.

Das fortlaufende Kettenverhältnis: Vorgesetzter - Untergebener findet ein gewisses Gleichgewicht in sich selbst: Schärfe gegen den Untergebenen findet ihre Grenze in der Vorsicht gegenüber dem eigenen Vorgesetzten; bedenklichere Folgen können entstehen, wenn die Wirkung nur nach unten stattfindet, weil der eigene Vorgesetzte unerreichbar oder nicht vorhanden ist. Solche Folgen sind vorzeiten gelegentlich im Ausland und in Kolonien entstanden.

Es ist begreiflich, dass unsere Herrenkaste den deutschen Subordinationszustand will und verteidigt, denn er dient ihr dazu, die bestehende Schichtung zu erhalten. Da sie sich gern patriotischer und theologischer Argumente bedient, so hat sie den wirksamen Ausdruck der gottgewollten Abhängigkeit erfunden. Innerhalb der Herrenkaste, die überhaupt in Deutschland die einzige Klasse bildet, welche die inneren Verhältnisse klar überblickt und über auswärtige Vergleiche verfügt, wird denn auch häufig und vorurteilslos über das einheimische Subordinationswesen gesprochen, der Mangel an Würde und Herrentum vermerkt, und insbesondere in seiner Wirkung auf das Ausland gewürdigt. Man hält jedoch das Volk für nicht hinreichend mündig, die feudale Schichtung für zu unentbehrlich, um eine Änderung zuzulassen.

In unseren mittleren Kreisen fehlen die Vergleiche. Man kann sich keinen anderen Zustand vorstellen als den, dass jeder, der es sich leisten kann, kommandiert, und jeder, der es sich gefallen lassen muss, kommandiert wird. Was man von oben empfängt, gibt man nach unten weiter, und noch etwas Eigenes dazu. Wie sollte man dazu kommen, diese Dinge als Sittenfragen zu behandeln? Sie sind nun einmal so und mögen so bleiben.

Es schmerzt mich, wenn ich daran denke, dass unser Land auf den schroffen Begriff der Subordination gestellt ist, während Länder weit geringerer Zivilisationsstufe sich von ihm befreit haben. Führende und Folgende gibt es freilich überall; doch es genügt, das Abhängigkeitsverhältnis im Sachlichen sich auswirken zu lassen, auf menschliche Beziehung soll es nicht übergreifen. Vollends beschämt es mich, wenn ich gestehen muss, dass ich kein anderes zivilisiertes Land gefunden habe, in dem es Menschen gab, die andere grob behandelten, und solche, die sich grob behandeln ließen. Unsere Gutmütigkeit, die für den Begriff des Anschnauzens mindestens ein Dutzend humorvolle Bezeichnungen erfunden hat, entschuldigt uns ein wenig, ein wenig auch unsere Formlosigkeit, doch es bleibt genug übrig, was zu denken gibt.

Freunde, nehmt diese Dinge nicht leicht! Unsere Abhängigkeit schädigt den Menschenwert. Wir brauchen Herrentum und Würde. Hat es nicht manchen unter euch gegeben, den selbst die Äußerungen des Patriotismus vor dem Kriege einen unlieben Beiklang vernehmen ließen? In den frohesten Ruf mischte sich ein aggressiver Schnarrton von Subordination. Bismarck sagte in theoretischer Einkleidung, wir hätten Untertänigkeit an Stelle des Nationalgefühls im Leibe. Wissen wir heute, dass das Vaterland unser Land, der Staat unser Staat, und unsere Treue zum König die freie Zustimmung und Gefolgschaft freier Männer ist?

Sollen wir zu den tiefsten Geistesformen des Abhängigkeitsgefühls niedersteigen? Wenige allgemeine Andeutungen mögen genügen. Wenn das männliche Selbstgefühl erlischt, so entsteht nicht Empörung und Auflehnung, sondern Passivität. Man muss sich manches gefallen lassen und tröstet sich damit, dass es dem Nächsten nicht besser geht, und dass man sich vor ihm nicht zu schämen braucht. Die Oberen haben auch ihre Schwächen, man klatscht darüber, und ist man nicht größer, so sind sie kleiner geworden. Wo geklatscht und denunziert wird, ist man nicht aufsässig. Nur soll der Nächste nicht aufsteigen, da wäre das Spiel verdorben. Beim Unglück des Nächsten ist man nicht ohne Mitleid, beim ersten Strahl des Glücks bricht Neid aus. Sitzen Klatsch und Neid am Tisch, so steht die Pöbelhaftigkeit vor der Tür. Ist jedoch ein plötzlicher Aufstieg geglückt, so zeigen sich alle Untugenden des Emanzipierten, denn der innerlich Unfreie wird durch Befreiung nicht zum Herren.

Genug. Von diesen niederen Formen haben wir nicht viel zu befürchten. Nur eines: Lasst uns den Neid bekämpfen, er ist nicht weit davon, ein nationales Laster zu sein.

Überblicken wir die Erscheinungsformen des unentwickelten Unabhängigkeitsgefühls und des ausgesprochenen Abhängigkeitsdranges, so dürfen wir sagen: Eine Todsünde belastet uns nicht. Wir sind nicht Sklaven, wie einst Friedrich im Zorn uns genannt hat, wir sind nicht Domestiken, wie jener verbitterte Philosoph behauptete. Es ist nicht unsere Sache, von unseren Tugenden zu reden; dies wissen wir, und das mag genug sein: Die Nachwelt wird Mühe haben zu begreifen, was unser Volk im Kriege pflichtgetreu geleistet und heldenhaft geduldet hat.

Doch eines verschweigen wir uns nicht: Das Abhängigkeitsbedürfnis ist eines der schwersten Hemmnisse des inneren und äußeren Aufstiegs, es ist der politische Kardinalfehler eines Volkes.

Denn aller Aufstieg setzt die Würde des innerlichsten Entschlusses, den Adel rückhaltloser Entäußerung und das Herrentum des Wollens zur eigenen Verantwortung voraus. Würde, Adel und Herrentum aber können in gewollter und geduldeter Abhängigkeit nicht erstehen.

Gewiss wird Gesinnung den vom Geiste vorgeschriebenen Weg schreiten, und Einrichtungen werden ihr folgen. Doch beiden voran muss der Aufschwung des Willens geschehen, und der, leider, ist gehemmt durch eine einzige Schwäche unseres voluntarischen Charakters.

Würden uns noch heute, als ein himmlisches Geschenk die vollkommensten Einrichtungen des staatlichen und kulturellen Lebens beschieden, es wäre umsonst. Sie würden niedersinken auf den Stand unserer Gesinnung und unkenntlich werden. Denn ein Volk kann seine Güter und Institutionen nur auf derjenigen Höhe halten, auf der es sie aus eigener Kraft zu schaffen fähig ist.

Früher habe ich die Gesinnungen und Ziele beschrieben, denen wir entgegenstreben, heute weise ich euch den friedlichen Kampf, dessen Beginn vielleicht, dessen Ende ich nicht erleben werde. Es ist der Kampf um die Seele unseres Volkes, sein erstes Ziel ist Würde, Adel und Herrentum. Es gibt eine deutsche Sendung auf Erden. Sie ist nicht die Sendung des Militarismus, sie ist auch nicht die Sendung der Mechanisierung und der Technik, obwohl sie diese Nützlichkeiten nicht verschmäht, sie ist am Wenigsten die Sendung der Weltherrschaft. Sie ist die Sendung, die sie immer war und immer sein wird: die Sendung des reinen, unbestechlichen, unbeirrbaren und unerbittlichen Geistes. Diese Sendung fordert nicht Emanzipierte und Untergebene, sondern adlige Männer. Es ist nicht unsere Sache, die Kellner, Barbiere und Schneider für London und New York zu liefern, sondern als freie Männer auf freiem Boden brüderlich mit den Völkern zu reden und zu wirken, nicht um des billigen Nutzens, sondern um des Geistes und der Menschheit willen; ihnen zu bieten, was wir haben und von ihnen zu empfangen, was wir brauchen.

In eurem Kampfe zählen die Jahre nicht. Es wird euch bekämpfen die Herrenkaste, und das ist schade, denn es sind tüchtige Menschen, klug, mutig und eigenwillig. Doch sie sind kurz von Gesicht und arm an Phantasie; sie wissen nicht, dass im Sturm das fahrende Schiff sicherer ist als das verankerte, sie wagen nicht zu glauben, dass in einem freien Volke ihre Eigenart mehr wert ist als in einem, mit dem sie kämpfen. An ihnen haften zwei Sünden: Sie haben das Volk unmündig gehalten, um es leichter zu beherrschen, und sie haben mit ihrer Herrschaft die Verantwortung zu tragen für jenes Menschenalter schlechter Führung, das die Gewitteratmosphäre schuf. Diese doppelte Schuld wird schwer auf ihnen lasten.

Bekämpfen werden euch die Interessenten, und das ist gut, für euch wie für sie. Sie wissen nicht, dass mit der geistigen und wirtschaftlichen Anarchie, die sie im Lande erregen, sie den Ast absägen, auf dem sie sitzen. Sie müssen lernen, dass mit den Geschäften von heute auf morgen, die sie erstreben und um die sie sich würgen, das Korn vor der Ernte zertreten wird. Das Futter wird nicht mehr, sondern besudelt und verstreut, wenn man aus Gier mit beiden Füßen in den Napf springt; die Welt ist eng geworden, sie ernährt uns nur dann, wenn die Arbeit sorgsam geordnet und geteilt wird.

Bekämpfen werden euch die Indolenten und mehr noch die Originalsüchtigen. Ihnen ist es nicht um die Sache zu tun, sondern um ein apartes, literarisch verwertbares Gerede von der Sache. Sie glauben die Welt zu ändern, wenn sie Artikel weglassen, Satzglieder umstellen und im Kaffeehaus neue Zeitwörter ausdenken. Mit beiden werdet ihr fertig, denn sie haben einen kurzen Atem.

Beginnt ihr zu zweifeln und fühlt ihr euch im Kampf ermatten, so erfüllt euch mit dem Bilde des ragenden inneren Deutschlands, das wir im Herzen tragen, des Landes der Wahrheit, der Treue, der Geistigkeit, der Innigkeit, des reinen Glaubens; tränkt und sättigt euch mit diesem Bilde, und blickt um euch. Seht ihr dann noch das kreischende, gierige Werben, die vergifteten Genüsse, die zynischen Gestalten der frechen List und der brutalen Schaustellung, die unwürdigen Gebäude und barbarischen

Schaustücke: dann hat das neue Reich das alte noch nicht überwunden und der Kampf geht weiter.

Glaubt nicht, es werde das Geringste euch geschenkt. Kein Ereignis von außen, nicht das glückbringende, nicht das bedrückende, spricht euch los. Bei euch, in euch beginnt der Kampf. Nur wenn ihr frei seid, könnt ihr befreien, nur wenn ihr edel seid, könnt ihr adeln, nur wenn ihr gerecht seid, könnt ihr richten, wenn ihr gütig seid, begüten, wenn ihr gläubig seid, erwecken.

Glaubt nicht den Lobpreisern des Bestehenden; sie preisen, was sie besitzen und festhalten und dazuerwerben wollen. Oder um der Macht zu schmeicheln, oder, weil man es sie gelehrt hat.

Glaubt nicht den Trägen und Selbstgerechten, die sagen, es sei anderwärts nicht besser. Die Tugenden der anderen sind nicht unser Vorbild, deshalb sind ihre Laster uns keine Entschuldigung. Es ist niedrig, das eigene Ideal an fremder Wirklichkeit zu messen.

Glaubt nicht den Schulweisen, den ohnmächtigen Schriftgelehrten, die verkünden: *"Alles bleibt beim Alten, es gibt keine Entwicklung."* Alle Eigenschaften, die wir haben, sind erworben, es gab eine Zeit, da keine unserer Tugenden war, und jede unserer Sünden ist eine veraltete Tugend. Die unterworfene Menschheit hat den Weg von der Sklaverei zur Hörigkeit, von der persönlichen Hörigkeit zur anonymen Unfreiheit des Standes durchlaufen, sie wird vor der Freiheit und Solidarität nicht Halt machen. Mit der Erscheinung reift das Erlebnis, im Parallelismus der Gestaltung und Entfaltung liegt die Synthese des Rationalen und Irrationalen.

Freilich fehlt es am führenden Geist, am menschlichen Vorbild, denn wir leben in der Zeit geistiger Anarchie, die nicht die Wahrheit, sondern sich selbst hören will. Kämen die Propheten wieder, man wiese ihnen Unwissenschaftlichkeit und mangelnde Logik nach, und geigte ihnen heim von Kanzeln und Kathedern. Doch je mehr wir uns sträuben, desto härter werden wir geführt, und müssen, wie der Krieg es zeigt, aus unseren Torheiten die Geißeln flechten, mit denen der Dämon uns lenkt.

Ein tiefes Gefühl sagt mir: Ihr schreitet freiwillig den Weg, den wir gezwungen schreiten. Denn wozu wären euch die seltenen, köstlichen Dinge gegeben: das schwere Erlebnis der Jugend, das Suchen nach der Verheißung, die erwachende Liebe zum Menschen? An Macht aber wird es euch nicht fehlen, denn Macht wird dem Volke geschenkt, das die Idee trägt, in dem Idee und Dasein verschmelzen. Ein Volk, das für sich selbst Geschäfte, Ausdehnung, Lebensgüter will, kann Erfolge haben. Dauernde Macht kann nur der schenkende Geist, die adlige Verantwortung, die Autorität der Idee erwerben, erhalten und ertragen.

Lebt wohl, wir scheiden. Die Fackel ruht in euren Händen, die leuchtende und zündende, die verheerende und verklärende.

Seid gesegnet und seid ein Segen unserem Volke. Seid gesegnet mit Härte und Unerbittlichkeit. Die soll euch fest machen gegen euch selbst und gegen den Versucher. Sie soll euch Not und Sorge machen, damit ihr den göttlichen Anspruch nicht leicht gewinnt.

Seid gesegnet mit stolzer Demut, adliger Entsagung und dienendem Herrentum. Die sollen euch niederdrücken und euch erheben, euch zu Dienenden und Schenkenden machen, damit die Welt von euch empfängt und sich euch hingibt.

Seid gesegnet mit suchendem Geist und ruhelosem Herzen, damit ihr durch alle Zweifel und Finsternisse stürmt und den Frieden der glaubenden Seele erringt.

Seid gesegnet mit verzehrender Liebe, die soll als ein Feuer aus euch schlagen, soll euch und das Land läutern von den Schlacken der Zeit und Vorzeit, und auffahren als eine Opferflamme zum Thron des Segnenden.

Zieht in den Kampf um die Seele unseres Volkes.

Geschrieben im Juli 1918.

Bisher erschienen:

Bruns, Paul	Carusos Technik in deutscher Erklärung (1922) (ISBN 978-3-00-023411-8)
Garcia, Manuel	Beobachtungen über die menschliche Stimme (1855) (nur www.lulu.com)
Lehmann, Lilli	Meine Gesangskunst (1922) (ISBN 978-3-00-022593-2)
Minoja, Anastasio	Anleitung zur vollständigen Ausbildung im Gesange (1857) (ISBN 978-3-00-023408-8)
Rathenau, Walther	An Deutschlands Jugend (1918) (ISBN 978-3-00-023407-1)
Schott, Anton	Hie Welf! Hie Waibling! - Streitfragen auf dem Gebiete des Gesanges vom Standpunkt eines singenden Darstellers (1904) (ISBN 978-3-00-022594-9)
Wolff, Karl (Hrsg.)	"Manuel Garcia" - Zu seinem hundertsten Geburtstage (1905) (nur www.lulu.com)

laufende Neuerscheinungen siehe www.maxhoerberg.de

Sämtliche Schriften können direkt über www.lulu.com bestellt werden.

www.ingramcontent.com/pod-product-compliance
Ingram Content Group UK Ltd.
Pitfield, Milton Keynes, MK11 3LW, UK
UKHW022232230426
12048UKWH00016BA/1208